LABAREV

Yoga für Beruf und privat

Pedro Cichon und

Gisela Fichtl

Haufe

Bibliografische Information der Deutschen Bibliothek

Die Deutsche Bibliothek verzeichnet diese Publikation in der Deutschen Nationalbibliografie; detaillierte bibliografische Daten sind im Internet über http://dnb.ddb.de abrufbar.

ISBN 3-448-06673-3
Bestell-Nr. 00864-0001

Postanschrift: Postfach, 82142 Planegg
Hausanschrift: Fraunhoferstraße 5, 82152 Planegg
Fon: (0 89) 8 95 17-0, Fax: (0 89) 8 95 17-2 50
E-Mail: online@haufe.de
Internet www.haufe.de
Redaktion: Sylvia Rein

Hinweis: Die Übungen in diesem Buch sind sorgfältig recherchiert. Weder Autor noch Verlag übernehmen jedoch für eventuelle Nachteile und Schäden, die aus den vorgestellten Übungen und Informationen resultieren, eine Haftung. Bei gesundheitlichen Problemen sollte vor Übungsbeginn ein Arzt konsultiert werden.

Umschlaggestaltung: Simone Kienle, par:two büro für visuelles, 70182 Stuttgart
Umschlagentwurf: Agentur Buttgereit & Heidenreich, 45721 Haltern am See
Fotos im Innenteil: Bruno Schneyer, 97475 Zeil am Main
Modelle: Sophie Blesch und Pedro Cichon
Druck: freiburger graphische betriebe, 79108 Freiburg

Zur Herstellung der Bücher wird nur alterungsbeständiges Papier verwendet.

TaschenGuides – alles, was Sie wissen müssen

Für alle, die wenig Zeit haben und erfahren wollen, worauf es ankommt. Für Einsteiger und für Profis, die ihre Kenntnisse rasch auffrischen wollen:

- Sie sparen Zeit und können das Wissen effizient umsetzen.
- Kompetente Autoren erklären jedes Thema aktuell, leicht verständlich und praxisnah.
- In der Gliederung finden Sie die wichtigsten Fragen und Probleme aus der Praxis.
- Das übersichtliche Layout ermöglicht es Ihnen, sich rasch zu orientieren.
- Schritt für Schritt-Anleitungen, Checklisten, Beispiele und hilfreiche Tipps bieten Ihnen das nötige Werkzeug für Ihre Arbeit.
- Als Schnelleinstieg in ein Thema ist der TaschenGuide die geeignete Arbeitsbasis für Gruppen in Organisationen und Betrieben.

Ihre Meinung interessiert uns! Mailen Sie unter online@haufe.de einfach an die TaschenGuide-Redaktion. Wir freuen uns auf Ihre Anregungen.

Inhalt

Vorwort

Fast alle Menschen, die ihren Arbeitstag vorwiegend im Sitzen verbringen, plagen Verspannungen und Rückenbeschwerden, viele haben zudem Schwierigkeiten mit der Stressbewältigung. Yoga ist ein hervorragendes Mittel, diese Probleme in den Griff zu bekommen.

Wir haben in diesem Buch Übungsprogramme für Sie zusammengestellt, die dieses spezielle Umfeld abdecken, Übungen, die Sie ohne viel Aufsehen zu erregen im Büro machen können, Übungen zum Ausgleich, zur Entspannung, zum Aggressionsabbau oder zur Konzentrationsförderung, Übungen für zu Hause oder unterwegs, die besonders auf Verspannungen im Rücken-, Schulter- und Nackenbereich und auf die typischen Probleme von vorwiegend sitzenden Menschen abzielen, sowie zusätzliche Übungsreihen für ein persönliches Trainingsprogramm je nach Stimmungslage und Fitness. Sie helfen Ihnen, ein gesundes Körpergefühl zu entwickeln, das inneren und äußeren Ausgleich schafft.

Und keine Angst – Yoga üben bedeutet nicht, dass Sie sich bis zur Unkenntlichkeit verrenken müssen und den Knoten dann kaum mehr lösen können. Wir haben einfache Übungen für Sie ausgewählt, die Sie leicht nachvollziehen können, die aber dennoch effizient helfen – und zwar da, wo es Not tut.

Pedro Cichon und Gisela Fichtl

Was ist Yoga – was bringt es?

Yoga ist der Königsweg für Menschen, die ohne Leistungsdruck zu einem positiven Körpergefühl gelangen wollen. Auf welche Weise Yoga Ihnen persönlich helfen kann, erfahren Sie in diesem Kapitel.

Yoga, was ist das eigentlich?

Yoga stammt ursprünglich aus Indien, ist aber auch im Westen sehr populär geworden. Yoga ist eine Übungsmethode, die Ihnen zu mehr Beweglichkeit, Gesundheit, Ruhe und Ausgeglichenheit verhelfen kann. Besonders die bei uns bekannteste Yogaform, das Hatha-Yoga, beschäftigt sich damit, uns die Möglichkeiten unseres Körpers, unseres Denkens und unseres Fühlens zu erhalten – ja sie sogar zu erweitern.

Der Weg zu einem guten Körpergefühl

Yoga ist ein sanfter Weg zu mehr Fitness und einem besseren Körpergefühl, der einen ganz anderen Ansatz verfolgt, als wir ihn aus Fitnessprogrammen kennen. Yoga ist keine „sportliche Quälerei" mit Leistungsdruck. Es lässt vielmehr „wie von selbst" in Ihnen mehr Bewusstheit für Ihre körperlichen und seelischen Bedürfnissen wachsen – und damit die Möglichkeit rechtzeitig Verspannungen gegenzusteuern und Stresssituation zu mildern.

Stärken und ausgleichen

Dies geschieht durch Körperübungen, die den Stützapparat des Körpers fördern, also Muskeln, Bänder und Sehnen, und die Wirbelsäule flexibel halten. Einen ganz wesentlichen Anteil im Yoga haben Atemübungen: Sie erweitern unser Atemvolumen und fördern unsere Atembewusstheit. Entspannung und aktive Yoga-Übungen lösen Verspannungen.

Einfach ein gutes Gefühl

Wenn Sie sich mit ein bisschen Regelmäßigkeit – nur ein paar Minuten in der Woche sind besser als nichts – auf Yoga einlassen, können Sie schon viel bewirken. Es ist einfach ein gutes Gefühl, beweglich zu bleiben und in langsamen Schritten immer beweglicher zu werden. Sie fühlen sich vital und gesund. Kein Wunder, dass sich das auch auf unseren Alltag auswirkt. Wer sich besser fühlt, kann auf Belastungen jeder Art souveräner reagieren. Auch die Fähigkeit, sich richtig konzentrieren zu können und andererseits wirklich zu entspannen, wirkt sich äußerst positiv auf unser privates und berufliches Leben aus.

Yoga – ein „Sport" für Gelenkige?

Mittlerweile sind sehr viele Yoga-Bücher bei uns erschienen. Viele davon sind gespickt mit wunderschönen Fotos von extrem beweglichen Menschen, die sich scheinbar mühelos in die kompliziertesten Verrenkungen begeben. Der Großteil dieser Übungen ist für den Anfänger jedoch nicht geeignet und führt schlimmstenfalls zu Frustration und sogar zu Verletzungen. Der Körper des Durchschnittsmenschen ist schließlich nicht vorbereitet für derart belastende Haltungen.

Keine voreiligen Verrenkungen!

Es ist deshalb wichtig, sich vor Augen zu halten, dass es beim Yoga nicht darum geht, sich möglichst schnell im Lotussitz in eine Brezel zu verwandeln. Es geht auch nicht darum, sich wie ein Schlangenmensch aus dem Stand nach hinten zu wölben, um die Hände auf den Boden zu bringen. Diese spektakulären Übungen sind nur für Menschen geeignet, die viele Jahre lang täglich üben – und selbst dann überfordern sie sich möglicherweise damit.

Üben, wie es für Sie richtig ist

Jeder Körper ist einzigartig. Deshalb ist es ganz wichtig, dass Sie immer wieder in sich hineinspüren, was jetzt in diesem Augenblick des Übens für Sie machbar ist. Üben Sie stets so, dass Sie sich während und auch nach dem Üben gut fühlen. Machen Sie es sich von Anfang an zur Gewohnheit, nach jeder Übung einige Atemzüge lang nachzuspüren.

Das Schöne am Yoga ist, dass es unendlich viele relativ einfache Übungen gibt, die sich auf wunderbare Weise positiv auf Körper und Geist auswirken, ohne zu überfordern. Sie müssen also im Vorfeld weder besonders gelenkig noch ausnehmend sportlich sein. Nur wenn Sie krank sind oder unter chronischen körperlichen Einschränkungen leiden, sollten Sie sich mit Ihrem Arzt beraten, bevor Sie mit Yoga beginnen.

Hatha-Yoga

Hatha-Yoga ist die bei uns am weitesten verbreitete Yogaform. Yoga heißt übersetzt Vereinigung. Ha-Tha bedeutet Sonne / Mond und bezieht sich auf das Gegensätzliche. Im Hatha-Yoga sollen die Gegensätze Körper und Verstand oder

Geist zusammengebracht werden und eine Einheit bilden, ähnlich wie die zwei Seiten einer Münze zusammengehören.

Balance zwischen Körper, Geist und Gefühl

Es soll ein Gleichgewicht zwischen Körper und Geist geschaffen werden. Das Ziel, oder Ideal, ist eine Balance, das harmonische Zusammenwirken aller Bestandteile, die uns als Menschen ausmachen: des Körpers, des Denkens und des Fühlens. Diese Balance ist freilich nicht statisch, vielmehr gestaltet sie sich stets ein wenig anders. An einem Tag sind wir sehr zentriert, am nächsten Tag vielleicht schon wieder in ziemlicher Unordnung, die es zu beheben gilt. Uns immer wieder an die Mitte, an den relativ ausbalancierten Zustand heranzuführen, ist eines der Ziele von Yoga.

Wie Yoga auf die Sprünge hilft

Das Interesse an Yoga in der westlichen Welt ist sicherlich auch deshalb so groß, weil wir uns fast alle in einem starken Ungleichgewicht von Körper, Verstand und Emotionen befinden. Bei uns dominiert der Verstand. Die meisten von uns arbeiten beruflich so gut wie nur noch intellektuell. Der Körper ist zum Anhängsel geworden, das Fahrzeug, das unseren Verstand durch die Welt kutschiert. Eine Maschine, die bestenfalls gut funktionieren soll. Wenn wir uns ab und zu mit ihm beschäftigen, dann, um uns dieses Fahrzeug als Mittel zum Zweck funktionsfähig zu erhalten, damit es dem Intellekt so lange wie möglich dienen kann.

Sich fühlen und wohl fühlen

10 Prozent unseres Körpers, der Kopf oder das Denken, beanspruchen nicht selten unsere ganze verfügbare Energie. Die anderen 90 Prozent nehmen wir bewusst oft erst wahr, wenn wir Schmerzen haben. Mit Yoga unternehmen Sie den Versuch, sich Ihr Bewusstsein über den Kopf hinaus auf Ihren gesamten Körper ausbreiten zu lassen. Sich wirklich zu spüren ist ein Anliegen des Yoga. Sich in diesem Haus, das wir Körper oder Person (einschließlich Denken und Fühlen) nennen, heimisch zu fühlen, ist das, was uns das Yoga-Üben vermitteln kann.

Gefühle und Denken werden klarer

Die Emotionen, ein weiterer Baustein in dem komplexen Energiesystem Mensch, sind bei uns zivilisierten Menschen häufig außer Rand und Band. Der Yoga schafft auch hier Erleichterung. Durch die Körperübungen gewinnen wir wieder ein Gefühl für uns und sind geerdet, die Atem- und Entspannungsübungen beruhigen. Wenn Sie so Ihren Tag beginnen, wird sich ihr Gefühlsleben nicht mehr so leicht aus der Bahn bringen lassen.

Auch das Denken kann durch Yoga klarer werden, da Sie im Yoga üben, sich auf eine Sache zu konzentrieren. Und wenn Sie bei den Entspannungsübungen, die geistigen Aktivitäten für eine Weile zur Ruhe kommen lassen, schaffen Sie die Basis dafür, Probleme gelassen und freier anzugehen und zu lösen.

So legen Sie los

Ein ganz besonderer Reiz des Yoga liegt vielleicht darin, dass man dafür weder besondere Räumlichkeiten noch Hilfsmittel braucht und man praktisch überall, wo man sich gerade befindet, üben kann. Sei es zu Hause im Wohnzimmer, im Büro oder auf Geschäftsreise in einem Hotel. Die zwei Quadratmeter Platz zum Yoga üben finden sich allemal und in der schönen Jahreszeit kann man draußen in der Natur üben.

Also rollen Sie ihre Matte aus und fangen Sie an!

Sie brauchen zum Yogaüben nicht sehr viel, aber, damit Sie optimal vorbereitet sind, haben wir hier eine kleine Checkliste für Sie zusammengestellt mit allem, was Sie bereithalten sollten. Natürlich ist auch das kein „Muss“. Sie sollen sich bei den Übungen wohl fühlen – das ist das wichtigste Kriterium.

■ *Wenn Sie im Büro üben, gelten natürlich etwas andere Bedingungen. Sie haben in der Regel Schuhe an und Ihr Büro wird sich für die Wenigsten völlig abriegeln lassen – und sei es nur für fünf Minuten. Im Kapitel „Yoga im Büro“ (siehe S. 67) finden Sie Übungen, die trotz solcher widriger Umstände sinnvoll auszuführen sind.* ■

Checkliste: Was Sie zum Üben brauchen

- Einen ruhigen, gut gelüfteten Raum, der aber nicht zu kalt sein soll
- Eine rutschfeste Matte, Yogamatte (über das Internet oder im Sportgeschäft erhältlich) oder einen Holzfußboden für die Standhaltungen
- Eine Decke oder einen Teppich für die Bodenübungen
- Einen unbelasteten Magen: am besten zwei, mindestens aber eine Stunde vor dem Üben nichts mehr essen
- Eine bestimmte Zeitspanne, in der Sie nicht gestört werden wollen, egal ob eine Stunde oder 15 Minuten
- Bequeme, lockere Kleidung
- Eine positive Einstellung zu der Zeit, die Sie mit Üben verbringen wollen: Sie können sich sagen, dass Sie sich mit dem Üben etwas Gutes tun, etwas, dass sich auf Dauer positiv auswirken wird, wie ausreichend Schlaf oder eine gesunde Ernährung
- Einen Plan: Suchen Sie sich vor dem Üben eine Übungsreihe bzw. ein Kapitel heraus, das Sie gerade besonders anspricht, oder auch einzelne, selbst zusammengestellte Übungen aus diesem Buch, vielleicht markieren Sie die Seiten mit einem Lesezeichen.

Kräftigen Sie Ihren Körper

In diesem Kapitel finden Sie Übungen, die Sie wieder in Schwung bringen. Werden Sie auf der Yogamatte lästige Verspannungen los, genießen Sie es, wieder einen beweglicheren, kraftvolleren Körper zu bekommen und üben Sie für mehr Ausgeglichenheit und Ruhe in Ihrem Leben.

Beleben, vitalisieren

Wenn Sie sich kraft- und energielos fühlen, können die klassischen Standhaltungen des Yoga durchaus dazu beitragen, Sie wieder fit und energiegeladen zu machen. Stehübungen wirken belebend, sie lösen Verspannungen und kräftigen Beine, Hüften, Knie, Schultern und den Rücken.

Sie können die Übungen in diesem Kapitel hintereinander machen, oder sich zwei, drei Übungen herauspicken. Wenn Sie sich etwas mehr Zeit nehmen wollen, schließen Sie noch Übungen aus den folgenden Kapiteln „Verspannungen lösen, Beweglichkeit fördern" (siehe S. 24) und „Beruhigen und ausgleichen" (siehe S. 33) an.

Wenn Sie alle Übungen aus diesem Kapitel hintereinander ausführen wollen, sollten Sie mindestens 10 Minuten dafür einplanen. Wer in den einzelnen Stellungen länger „ausharrt", kann bis zu 15 Minuten üben.

Grundstellung im Stehen

1 Stellen Sie sich aufrecht auf den Boden und machen Sie mit einem Bein einen großen Schritt zur Seite. Richten Sie den Oberkörper gut auf.

2 Heben Sie nun die Arme seitlich bis in die Waagrechte, die Arme bleiben dabei gestreckt. Ziehen Sie jetzt die Hände zur jeweiligen Seite vom Körper weg, so dass Sie einen leichten Zug in den Schultern und Oberarmen spüren. Achten Sie darauf, die Schultern dabei nicht anzuheben! Die Handflächen zeigen zum Boden.

3 Drehen Sie nun den rechten Fuß um 90 Grad nach außen, parallel zum Arm. Drehen Sie den linken Fuß leicht einwärts (nach rechts). Dies ist die Ausgangsstellung für das Dreieck, den Krieger und das weite Dreieck.

Das Dreieck

- Aktiviert und kräftigt Bein-, Hüft- und Rückenmuskulatur.

1 Nehmen Sie die Grundstellung im Stehen ein (siehe S. 17). Beugen Sie den Oberkörper gerade nach rechts unten, bis die rechte Hand den rechten Ober- oder Unterschenkel erreicht. Achten Sie darauf, dass der Oberkörper nicht nach vorn kippt, Sie bewegen sich nur zur Seite!

2 Stützen Sie sich nun mit der Hand am Bein ab und drehen Sie die linke Seite des Oberkörpers nach oben, so gut es geht. Nehmen Sie jetzt auch den linken Arm gerade nach oben und drehen Sie den Kopf so, dass Sie zur linken Hand schauen. Wenn Sie dabei Nackenprobleme spüren, richten Sie den Blick neutral nach vorne oder nach unten zum rechten Fuß. Strecken Sie die Beine gut durch und stemmen Sie die Füße in den Boden.

Bleiben Sie 30 Sekunden oder einige Atemzüge lang in dieser Position. Kommen Sie dann in die Grundstellung zurück. Wiederholen Sie die Übung zur anderen Seite hin.

Der Krieger

- Eine dynamische Stellung, gut für die Beinmuskulatur, weitet den Brustkorb, fördert die Ausdauer.

Nehmen Sie wieder die Grundstellung im Stehen ein (siehe S. 17). Beugen Sie jetzt das rechte Bein so weit, bis der Unterschenkel senkrecht zum Boden steht. Dadurch bringen Sie das Becken tiefer und die Spannung in den Beinen verstärkt sich. Lassen Sie das linke Bein gestreckt und drücken Sie den linken Fuß gut gegen den Boden, damit nicht das gesamte Gewicht auf dem rechten Bein lastet. Die Arme bleiben parallel zum Boden angehoben. Achten Sie darauf, tatsächlich nur das rechte Bein zu beugen und zur rechten Hand zu schauen – sonst sollte sich an der Grundstellung nichts ändern! Bleiben Sie 30 Sekunden in dieser Stellung und wiederholen Sie die Übung zur anderen Seite hin.

Der Baum

- Entwickelt das Gleichgewichtsgefühl, fördert Konzentrationsfähigkeit und innere Ruhe, stärkt die Bein- und Fußmuskulatur, verbessert die Beweglichkeit von Hüften und Knien.

1 Stellen Sie sich aufrecht hin, die Füße eng aneinander. Heben Sie jetzt das rechte Bein und legen Sie den rechten Fuß an die Innenseite des linken Oberschenkels. Drücken Sie mit dem Fuß gegen den Oberschenkel und halten Sie mit diesem dagegen. Die Fußzehen zeigen zum Boden. Halten Sie den Fuß mit der rechten Hand am Fußgelenk und bewegen Sie das rechte Knie so weit nach hinten wie möglich, ohne jedoch den Oberkörper dabei mitzudrehen.

2 Wenn Sie ruhig und ohne zu wackeln stehen, strecken Sie den linken Arm neben dem Kopf nach oben. Lassen Sie den Blick entspannt am Boden ruhen. Versuchen Sie nun mindestens 30 Sekunden lang in der Stellung zur Ruhe zu kommen und atmen Sie ruhig durch die Nase.

3 Nehmen Sie dann den Arm wieder herunter und bringen Sie das rechte Bein vorsichtig wieder zurück zum Boden. Wiederholen Sie die Übung zur anderen Seite hin.

Steigern Sie die Übungsdauer bei jedem Mal ein wenig – bis zu 1 Minute.

Das weite Dreieck

- Kräftigt den Körper. Trainiert die Beinmuskulatur, dehnt die Flanken des Rumpfes, weitet die Brust und vertieft die Atmung.

1 Kommen Sie aus der Grundstellung in die Kriegerstellung, indem Sie das rechte Bein beugen. Neigen Sie jetzt den Oberkörper seitlich nach rechts bis Sie den Unterarm auf den rechten Oberschenkel legen können. Drücken Sie mit dem Unterarm gegen den Oberschenkel, so dass der Oberkörper nicht zu stark nach unten hängt. Drehen Sie, wie im Dreieck, die linke Seite des Rumpfs nach oben.

2 Heben Sie nun den linken Arm an und führen Sie ihn, mit der Handfläche nach unten, in Richtung Kopf. Jetzt drehen Sie den Kopf und schauen am Arm vorbei nach oben. Bleiben Sie 30 Sekunden so, atmen Sie durch die Nase!

3 Nehmen Sie den Arm herunter, stützen Sie sich mit der rechten Hand am rechten Bein ab, das Sie wieder strecken, und bringen Sie den Oberkörper in die aufrechte Position. Wiederholen Sie die Übung zur anderen Seite hin.

Der Tänzer

- Schult den Gleichgewichtssinn. Die vordere Oberschenkelmuskulatur des angehobenen Beines wird gedehnt, Schultern und Brustkorb geöffnet. Fördert die Konzentration.

1 Stellen Sie sich aufrecht hin, die Füße stehen eng beieinander und zeigen gerade nach vorne. Heben Sie jetzt das rechte Knie soweit an, bis Sie mit der rechten Hand das rechte Fußgelenk greifen können. Ziehen Sie den Fuß von hinten mit der Hand an den Po heran, so weit Sie können. Halten Sie dabei die Oberschenkel möglichst parallel.

2 Heben Sie jetzt den linken Arm an und strecken Sie ihn neben dem Kopf nach oben. Lassen Sie den Blick vorne am Boden ruhen und bleiben Sie eine halbe Minute lang in der Position. Versuchen Sie, in dieser Haltung zur Ruhe zu kommen. Sollten sich dabei im unteren Rücken Beschwerden einstellen, ziehen Sie den Bauch etwas nach hinten.

Nehmen Sie dann den linken Arm wieder nach unten und stellen Sie den Fuß zurück auf den Boden. Wiederholen Sie die Übung mit der anderen Seite.

■ *Für fast alle Balancehaltungen auf einem Bein gilt: Wenn es Ihnen sehr schwer fällt, oder gar unmöglich ist, das Gleichgewicht zu halten, dann stellen Sie sich so neben eine Wand, dass Sie sich mit der freien Hand abstützen können. Nach und nach wird es Ihnen gelingen, die Hand von der Wand wegzunehmen und Sie müssen sie nur noch zum Stützen an die Wand bringen, wenn Sie das Gleichgewicht zu verlieren drohen. Irgendwann werden Sie dann ohne die Hilfe der Wand frei im Raum balancieren können.* ■

Verspannungen lösen, Beweglichkeit fördern

Ein Tag im Büro schafft es, selbst den lockersten Zeitgenossen extrem zu verspannen. Die Schultern tun weh, Nacken und Rücken schmerzen, man fühlt sich unbeweglich und eingerostet. Eine Viertelstunde, sogar schon 5 bis 10 Minuten, die Sie mit den folgenden Übungen verbringen, können Ihnen frischen Elan und eine angenehme Beweglichkeit zurückbringen. Ob Sie die Übungen hintereinander machen, oder sich zwei, drei Übungen auswählen, bei denen Sie das Gefühl haben, Sie würden Ihnen gut tun, bleibt ganz Ihnen überlassen. Der Zeitaufwand für alle Übungen dieses Kapitels liegt etwa bei 8 bis 10 Minuten, je nachdem, wie lange Sie in den einzelnen Positionen bleiben.

Drehsitz

- Erhält und verbessert die Beweglichkeit der Wirbelsäule, massiert und dehnt Bauch, Schulter und Nackenmuskulatur.

1 Sitzen Sie in einem bequemen Schneidersitz, indem Sie die Füße leicht unter den jeweils anderen Oberschenkel ziehen. Richten Sie den Oberkörper gut auf – am besten hilft dabei die Vorstellung, Sie würden von der Kopfmitte aus an einem goldenen Faden nach oben gezogen.

2 Greifen Sie mit der linken Hand dann das rechte Knie. Mit der rechten Hand stützen Sie sich hinter dem Po in Körpernähe am Boden ab. Drücken Sie jetzt mit der linken Hand gegen das rechte Knie. Gleichzeitig drehen Sie den Oberkörper und den Kopf so weit nach rechts, wie es Ihnen möglich ist – eventuell so, dass Sie nach hinten blicken können.

3 Bleiben Sie 20 bis 30 Sekunden in der Drehung und spüren Sie, was sich im Körper alles tut. Wiederholen Sie die Übung mit der Drehung nach links.

Körperwelle im Sitzen

- Die Vorwärtsbeuge dehnt die Rückenmuskulatur und entspannt die Vorderseite des Oberkörpers. Die Beweglichkeit wird gefördert und das Denken kommt zur Ruhe.

1 Setzen Sie sich aufrecht auf den Boden und strecken Sie die Beine nach vorne aus. Heben Sie die Knie etwas vom Boden ab, indem Sie die Fersen ein wenig heranziehen. Beim Ausatmen schieben Sie jetzt den Oberkörper nach vorne und lassen ihn für einen Moment hängen, ohne den Kopf dabei nach unten zu drücken. Unterstützen Sie diese Vorwärtsbewegung, indem Sie mit den Händen an den Unterschenkeln ziehen.

2 Rollen Sie nun den Oberkörper mit dem Einatmen Wirbel für Wirbel nach oben, bis Sie wieder aufrecht sitzen. Die Hände gleiten dabei an den Beinen entlang mit nach oben. Wiederholen Sie diesen Ablauf einige Male. Es sollte sich eine ruhige, weiche Bewegung ergeben, wie eine Welle, die vor- und zurückschwappt. Beginnen Sie mit einer kleinen Bewegung und lassen Sie diese langsam größer oder weiter werden. Versuchen Sie nach und nach auch die Beine mehr zu strecken, indem Sie die Fersen weiter nach vorne schieben.

Der Schmetterling fliegt

- Dehnt die Innenseite der Oberschenkel und bringt Energie ins Becken. Kräftigt die Rückenmuskulatur.

1 Setzen Sie sich auf den Boden und ziehen Sie die Füße mit den Händen zum Körper. Die Füße bleiben in Bodenkontakt und zeigen nach vorne. Bringen Sie jetzt die Fußsohlen aneinander und ziehen Sie die Füße so weit zu sich heran wie möglich. Halten Sie die Füße mit verschränkten Händen fest.

2 Richten Sie den Oberkörper gut auf und beginnen Sie mit den Knien nach unten und oben zu wippen, als wären es Flügel. Atmen Sie normal und „fliegen" Sie eine halbe Minute lang so weiter. Wenn Ihnen dabei die Knie schmerzen, lassen Sie das Wippen weg. Schieben Sie die Füße wieder ein Stück nach vorne vor und spüren Sie nach.

Der Tisch oder die Vierpunktbalance

- Kräftigt Arme, Schultern und Handgelenke, macht beweglich und hebt den Energiepegel.

1 Setzen Sie sich mit den Beinen nach vorn auf den Boden. Ziehen Sie jetzt die Beine so weit heran, dass Sie die Fußsohlen hüftbreit geöffnet aufstellen können. Stützen Sie sich mit den Händen hinter dem Po ab.

2 Heben Sie beim Einatmen das Becken an und schieben Sie es nach oben, so weit Sie können. Beim Ausatmen lassen Sie es wieder zum Boden sinken. Schauen Sie während der gesamten Übung entspannt nach vorne. Bei der nächsten Einatmung nehmen Sie das Becken wieder nach oben und senken es beim Ausatmen ab. Wiederholen Sie diese Bewegung 6 bis 8 Mal. Im Idealfall bildet der Körper bei dieser Übung eine Art Tisch: Oberschenkel und Oberkörper bilden die waagrechte Tischplatte, Arme und Unterschenkel die Beine des Tisches.

3 Bleiben Sie 20 bis 30 Sekunden lang mit dem Becken oben, wenn Ihnen die Handgelenke dabei nicht wehtun. Kommen Sie herunter und spüren Sie ein wenig nach.

Die Blume öffnet sich

- Dehnt und öffnet den Brustkorb, wirkt anregend und vitalisierend, die Atmung wird vertieft.

1 Setzen Sie sich auf die Fersen und beugen Sie den Oberkörper nach vorne, bis die Stirn den Boden berührt. Legen Sie die Arme nach hinten ab. Diese Ausgangsposition ist im Yoga auch als die Embryostellung oder Kindshaltung bekannt. Richten Sie sich nun mit der Einatmung in den Kniestand auf. Gleichzeitig ziehen Sie die Arme mit nach vorne und heben sie gestreckt bis neben den Kopf.

2 Schieben Sie beim Ausatmen den Po nach hinten und setzen Sie sich langsam wieder auf die Fersen. Dabei bringen Sie den Oberkörper und die Arme wieder zum Boden. Ziehen Sie am Ende der Ausatmung die Arme wieder nach hinten in die Ausgangsposition.

3 Wiederholen Sie diese Bewegung mit der Ein- und Ausatmung verbunden 6 bis 8 Mal. Bleiben Sie am Schluss einige Atemzüge lang zum Ausruhen und Nachspüren in der Embryoposition.

Wenn Sie den Kopf in dieser Haltung nicht zum Boden bringen oder wenn Sie Verspannung im Nackenbereich spüren, legen Sie die Hände oder Fäuste aufeinander – je nach benötigter Höhe – und lassen den Kopf darauf ruhen.

Ganzkörperdehnung in der Rückenlage

- Streckt den Körper so richtig durch, löst Verspannungen im Schulterbereich und verbessert unmittelbar das Körpergefühl.

1 Legen Sie sich auf den Rücken und strecken Sie die Beine aus. Bringen Sie die Füße nebeneinander.

2 Legen Sie nun die Arme mit den Handrücken nach unten neben dem Körper ab und führen Sie sie über die Seite am Boden entlang nach hinten bis sie neben dem Kopf liegen. (Eine Bewegung wie Kinder sie machen, wenn sie sich in den Schnee legen und mit den Armen wie mit Flügeln schlagen, um einen „Schnee-Engel" in den Schnee zu drücken.) Suchen Sie mit den Armen und Schultern so viel Bodenkontakt wie möglich, wenn Sie die Arme nach hinten ziehen.

3 Strecken Sie die Beine, indem Sie die Oberschenkel nach unten drücken und die Fußzehen etwas in Richtung Körper ziehen.

4 Lassen Sie den Atem fließen und bleiben Sie für eine halbe Minute in dieser lang gestreckten Position. Lösen Sie die Spannung dann wieder, bringen Sie die Arme zurück neben den Körper und spüren Sie ein wenig nach.

Sie können mit dieser Übung auch eine Entspannung im Liegen einleiten, wenn Sie vorher keine Körperübungen gemacht haben. Bleiben Sie dann einfach liegen und lassen Sie die Entspannung langsam einströmen, oder Sie schließen die Entspannungsübung „Die Körperreise" an (siehe S. 55).

Beruhigen und ausgleichen

Die folgenden Übungen sind gut geeignet, wenn Sie etwas überdreht und vielleicht auch ein wenig müde von der Arbeit nach Hause kommen. Oder Sie hatten viel Stress und wollen sich erst einmal beruhigen, bevor Sie etwas anderes machen. Sie können die Übungen nacheinander ausführen (Zeitaufwand etwa 10 Minuten), oder Sie picken sich zwei, drei Übungen heraus, die Ihnen gerade passend erscheinen.

Die Sonne geht auf, die Sonne geht unter

- Belebt und aktiviert Arme und Schultern, vertieft die Atmung und beruhigt. Die zweite Variante fördert die Beweglichkeit der Schultern.

1 Setzen Sie sich auf die Fersen oder begeben Sie sich in einen angenehmen Schneidersitz. Lassen Sie die Arme neben dem Körper herunter und berühren Sie mit den Fingern den Boden, wenn Sie ihn erreichen.

2 Beim Einatmen führen Sie die Arme über die Seiten nach oben und bringen über dem Kopf die Handflächen aneinander (die Sonne geht auf). Beim Ausatmen drehen Sie die Handflächen nach außen und führen die Arme über die Seite gestreckt wieder nach unten, bis die Finger wieder den Boden berühren (die Sonne geht unter).

3 Wiederholen Sie diese Bewegung 3 bis 4 Mal im Einklang mit der Atmung. Machen Sie die Übung jetzt noch einmal und versuchen Sie statt der Handflächen die Handrücken zueinander zu bringen. Wiederholen Sie auch diese Übungsvariante einige Male.

Fötus-Stellung

- Stärkt die Bauchmuskulatur, wirkt beruhigend, hilft gegen Blähungen (oft die „gasentfernende Stellung“ genannt).

1 Legen Sie sich auf den Rücken mit aufgestellten Füßen. Heben Sie die Knie an und greifen Sie sie mit den Händen. Wenn es Ihnen angenehm ist, verschränken Sie die Hände unterhalb der Knie.

2 Ziehen Sie die Knie nun zum Oberkörper, so weit es geht. Heben Sie dann den Kopf und die Schultern und schauen Sie nach vorne. Sollte Sie Probleme im Nackenbereich haben, lassen Sie den Kopf unten. Atmen Sie tief durch die Nase.

3 Bleiben Sie 30 bis 60 Sekunden lang in dieser Stellung. Dann senken Sie Oberkörper und Füße wieder zum Boden und spüren ein wenig nach.

- *Bei Yoga-Übungen sollten Sie generell durch die Nase atmen (es sei denn, es ist anders angegeben). Wenn Sie Schnupfen haben oder die Nase verstopft ist, atmen Sie durch den leicht geöffneten Mund.* ▪

Kleine Brücke

- Dehnt sanft die Vorderseite des Körpers (Brustkorb, Schultern, Oberschenkel) und den Nacken, schafft Ruhe.

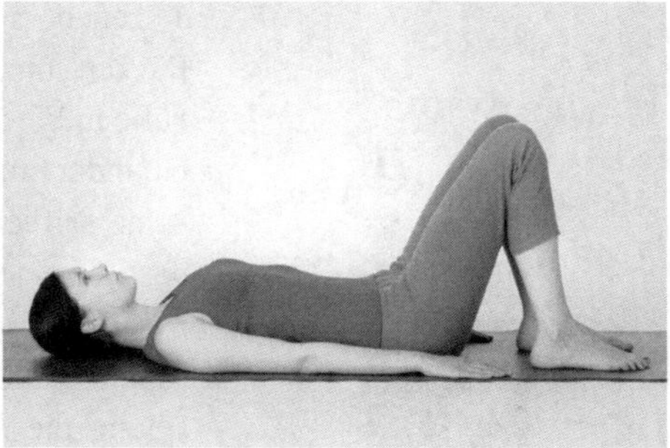

1 Legen Sie sich auf den Rücken und stellen Sie die Beine hüftbreit in Ponähe auf. Die Arme liegen neben dem Körper.

2 Heben Sie beim Einatmen das Becken an, soweit Sie können, und drücken Sie mit den Armen gegen den Boden. Kopf und Schultern bleiben unten. Kommen Sie beim Ausatmen langsam Wirbel für Wirbel wieder nach unten.

3 6 bis 8 Mal wiederholen. Harmonisieren Sie die Bewegung mit der Atmung. Am Ende der Einatmung sollte das Becken am höchsten Punkt angelangt sein, am Ende der Ausatmung der Rücken wieder am Boden liegen.

Drehstellung im Liegen

- Fördert die Beweglichkeit der Wirbelsäule, öffnet den Brustkorb, löst Verspannungen im Rücken, wirkt verdauungsanregend.

1 Legen Sie sich auf den Rücken und stellen Sie die Füße in Ponähe direkt nebeneinander auf. Legen Sie die Arme seitlich nach außen, so dass sie einen rechten Winkel zum Oberkörper bilden. Versuchen Sie während der Übung die Arme und Schultern am Boden zu lassen.

2 Bringen Sie die Knie aneinander und senken Sie die Beine zur rechten Seite ab. Drehen Sie gleichzeitig Brustkorb und Kopf in die entgegengesetzte Richtung. Ziehen Sie die Knie nur soweit nach unten, dass die gegenüberliegende Schulter Bodenkontakt behält. Jetzt ruht der linke Fuß auf dem Rechten.

3 Bewegen Sie jetzt die Beine über die Mitte zur linken Seite und drehen Sie dabei Oberkörper und Kopf nach rechts. Der rechte Fuß liegt jetzt auf dem linken. Während der Drehung können Sie ausatmen und, bevor Sie zur anderen Seite drehen, wieder einatmen. Sie atmen im aktiven Teil aus und wenn die Knie unten sind ein. Wiederholen Sie dies 6 bis 8 Mal.

Kniekreisen

- Massiert den unteren Rücken, besonders die Kreuzbeingegend. Die weiche kreisende Bewegung wirkt beruhigend.

Heben Sie in Rückenlage die Knie an, bis Sie diese mit den Händen greifen können. Lassen Sie den unteren Rücken dabei am Boden. Bringen Sie die Knie aneinander und führen Sie sie mit den Händen in einer kleinen kreisförmigen Bewegung (ca. 30 Sekunden). Dadurch massieren Sie die Kreuzbeingegend, die sich am Boden leicht mitbewegt. Der Rücken löst sich dabei nicht vom Boden! Wiederholen Sie diese Bewegung auch zur anderen Seite hin.

Stellen Sie am Ende der Übung die Füße wieder auf und spüren Sie noch eine Weile nach.

Der Schmetterling ruht

- Angenehm zum Entspannen, dehnt gleichzeitig die Oberschenkel und fördert die Beweglichkeit der Hüftgelenke.

Legen Sie sich auf den Rücken. Ziehen Sie jetzt die Füße am Boden Richtung Körper und bringen Sie die Fußsohlen aneinander – unter Umständen können Sie die Hände zu Hilfe nehmen und die Füße näher zum Körper ziehen. Legen Sie die Arme seitlich ab. Bleiben Sie in dieser Übung völlig passiv. Spüren Sie die Dehnung in der Leistengegend, den Innenseiten der Oberschenkel und um die Hüften herum. Atmen Sie ruhig und tief und lassen Sie los.

Verweilen Sie in der Stellung eine Minute oder länger.

Lassen Sie los

Stress und Ärger sind oft permanente Begleiter des Berufsalltags – Grund genug sich bewusst aus dieser Mühle zu befreien. In diesem Kapitel finden Sie nicht nur Übungen zum Loslassen und Entspannen, sondern auch die Anleitung dazu, wie Sie Anspannung und Aggressionen aktiv abschütteln können.

Stress abbauen, Aggressionen loswerden

Im Laufe eines Tages lädt sich ein jeder von uns eine Menge an Spannung buchstäblich auf die Schultern. Oder besser gesagt, das Leben, unser Beruf, die Sachzwänge, denen wir unterworfen sind, bürden sie uns auf. Es ist wichtig, diesen Druck immer wieder einmal aufzulösen oder zumindest zu mildern. Dazu sind folgende einfache Übungen gut geeignet.

Der Zeitaufwand für die Übungen dieses Kapitels liegt etwa bei 5 Minuten.

Der Holzhacker

- Baut Stress ab, Sie können mal so richtig auf die Pauke hauen.

Stellen Sie sich mit gegrätschten Beinen auf Ihre Matte. Die Hände sind vor dem Körper verschränkt. Stellen Sie sich vor, Sie würden eine Axt halten, mit der Sie einen dicken Holzklotz spalten wollen. Heben Sie beim Einatmen die Arme nach oben, bis sie gestreckt sind. Beim Ausatmen ziehen Sie die Arme in einer schwungvollen Bewegung zwischen den Beinen durch und nehmen den Oberkörper mit. Lassen Sie dabei ein lautes „HA" ertönen. Halten Sie Ihre Stimme nicht zurück! Mit der nächsten Ein- und Ausatmung wiederholen Sie die Übung. Probieren Sie diese Übung erst vorsichtig aus und steigern Sie dann die Intensität, indem Sie oben weiter nach hinten ausholen und noch kraftvoller nach unten ziehen.

Den Tisch abräumen

- Wirkt befreiend. Sie fühlen sich hinterher friedlicher und entspannter.

1 Bei dieser Übung können Sie Dampf ablassen, ohne Konsequenzen befürchten zu müssen. Stellen Sie sich mit gegrätschten Beinen auf Ihre Matte und lassen Sie die Arme hängen. Heben Sie nun den linken Arm vor dem Körper bis zur Waagrechten an. Führen Sie ihn beim Einatmen gestreckt auf Brusthöhe nach rechts. Der rechte Arm hängt entspannt herunter. Der Oberkörper dreht dabei leicht mit nach rechts.

2 Beim Ausatmen schwingen Sie den linken Arm und den Oberkörper nach links und nehmen durch den Schwung den rechten Arm mit. Jetzt ist der rechte Arm gestreckt auf der linken Seite und der linke Arm hängt hinter dem Rücken herab. Schwingen Sie dann den rechten Arm nach rechts zurück und nehmen Sie den linken Arm mit.

3 Bei dieser Bewegung lassen Sie jeweils ein zischendes, stimmloses „FFFFT" ertönen. Stellen Sie sich vor, vor Ihnen stünde ein Tisch und Sie würden mit einer schwungvollen Bewegung alles, was sich darauf befindet, hinunterfegen. Das bedeutet, dass der Arm parallel zum Boden schwingt und nicht nach unten hängt! Wiederholen Sie diese befreiende Aktion 4 bis 8 Mal.

Die Notbremse ziehen

- Bringt Energie in die Bauchgegend, stärkt die Durchsetzungskraft und hilft, psychische Anspannung zu mildern.

1 Stehen Sie aufrecht mit leicht geöffneten Beinen. Heben Sie die Hände über den Kopf und schließen Sie sie zur Faust. Atmen Sie dabei ein.

2 Ziehen Sie jetzt beide Ellbogen in einer schnellen, schwungvollen Bewegung nach unten, bis die Oberarme neben dem Oberkörper sind und die Ellbogen nach unten zeigen. Atmen Sie dabei aus und rufen Sie laut und völlig ungehemmt „HU". Beugen Sie bei dieser Abwärtsbewegung leicht die Beine.

3 Beim Einatmen ziehen Sie die Fäuste wieder nach oben bis die Arme gestreckt sind, beim Ausatmen energisch nach unten mit einem weiteren „HU" oder „HA". 4 bis 8 Mal wiederholen.

Der Löwe

- Stress schlägt sich oft in Verspannungen des Gesichts- und Halsbereiches nieder. Der Löwe hilft, sie wieder abzubauen. Durch das Fauchen machen Sie deutlich, dass Sie bereit sind, sich zu wehren, wenn es sein muss.

1 Setzen Sie sich in einem bequemen Schneider- oder Fersensitz auf den Boden. Legen Sie die Hände auf die Knie. Atmen Sie entspannt durch die Nase ein.

2 Öffnen Sie dann den Mund, so weit Sie können, und strecken Sie auch die Zunge möglichst weit heraus. Schauen Sie dabei nach oben und fauchen Sie beim Ausatmen wie ein Löwe. Beim Einatmen nehmen Sie die Zunge wieder zurück und entspannen das Gesicht. Wiederholen Sie die Übung 4 bis 6 Mal.

Durchatmen

Die Atmung ist physiologisch gesehen für uns lebenswichtig – wenn wir aufhören zu atmen, sterben wir. Viele spirituelle Schulen betrachten die Atmung darüber hinaus als Tor nach Innen. Sie bringt uns in Kontakt mit dem gegenwärtigen Augenblick und lenkt die Aufmerksamkeit von Außen (den anderen, der Umwelt) auf uns selbst.

Und der Atem ist ein feiner Seismograph, was unsere emotionale und körperliche Verfassung betrifft. Stehen wir unter Stress, oder sind wir eingeschüchtert, wird die Atmung flacher, unterdrückter. Fühlen wir uns wohl, wird die Atmung tief und ruhig. Wenn wir uns aufregen, stark nach außen gehen, wird sie schneller.

Mit der Atmung arbeiten

Umgekehrt können wir die Atmung bewusst einsetzen, wenn wir uns beruhigen wollen oder Energie auftanken, und zum Entspannen, wenn wir körperlich und geistig überdreht sind. Außerdem bringt bewusstes Atmen uns in die Gegenwart zurück, wenn wir innerlich aus der Bahn geraten sind. Legen Sie den Schwerpunkt auf das Einatmen, wirkt dies energiezuführend, konzentrieren Sie sich stärker auf das Ausatmen, beruhigend und zentrierend.

Die Yogaatmung

Die Yogaatmung stärkt das Immunsystem, indem sie Stresshormone reduziert und den Körper mit ausreichend Sauerstoff versorgt. Der einfachste Weg sich damit vertraut zu machen, ist, immer wieder einmal nur durch die Nase zu atmen.

Ihre Haltung bei den Atemübungen.

Sitzen Sie in allen Atemübungen in einem bequemen Schneider- oder Fersensitz und richten Sie den Oberkörper auf. Wenn es Ihnen schwer fällt, so zu sitzen, setzen sie sich aufrecht auf einen Stuhl. Schließen Sie bei den Übungen die Augen oder lassen Sie den Blick entspannt am Boden ruhen. Wenn Sie alle Atemübungen dieses Kapitels nacheinander machen, sollten Sie etwa 10 Minuten dafür einplanen.

Der hörbare Atem

- Das tiefe Atmen in Verbindung mit dem Klang beruhigt und entspannt.

Atmen Sie ruhig und gleichmäßig durch die Nase. Öffnen Sie leicht den Mund und lassen Sie beim Ein- und beim Ausatmen ein leises, stimmloses „HAA" ertönen, ein Geräusch, wie wenn jemand tief schläft. Wenn Sie das „HAA" gut hören können, schließen Sie den Mund, ohne sonst etwas an der Atmung zu ändern. Nun hören Sie eher ein „HMM".

Wenn Sie auch dieses Geräusch beim Ein- und Ausatmen (!) deutlich vernehmen, versuchen Sie, es weich und durchgehend zu gestalten, wie der Wind, der über Baumwipfel streicht. Lassen Sie die Ein- und Ausatmung lang und tief werden (4 bis 8 Atemzyklen). Bei dem geringsten Gefühl von Unwohlsein beenden Sie die Übung bitte und atmen wieder normal.

Der gekühlte Atem

- Die verstärkte Einatmung bringt neue Energie in den Körper, belebt und erfrischt.

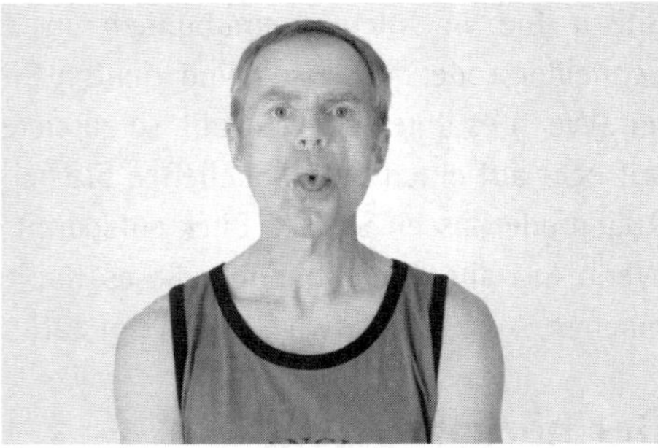

1 Formen Sie mit der Zunge ein Röllchen, das vorne leicht aus dem Mund schaut. Wenn Sie zu den fünfzig Prozent der Menschheit gehören, die das nicht können, öffnen Sie einfach den Mund ganz leicht und legen die Zunge an die oberen Schneidezähne.

2 Atmen Sie jetzt durch das Röllchen oder die nur leicht geöffneten Lippen ein. Ziehen oder saugen Sie die Luft richtig ein, so dass Sie die Kühle spüren. Schließen Sie den Mund, wenn Sie eingeatmet haben (die Zunge kommt wieder in ihre normale Position) und atmen Sie durch die Nase mit leicht hörbarem Atem (HMM) aus.

3 Wiederholen Sie die Übung 4 bis 8 Mal und spüren Sie dann einige Atemzüge lang nach.

Die Hand kühlen

- Verstärkt die Ausatmung, entfernt verbrauchte Luft und verbrauchte Energie und schafft Raum für Neues.

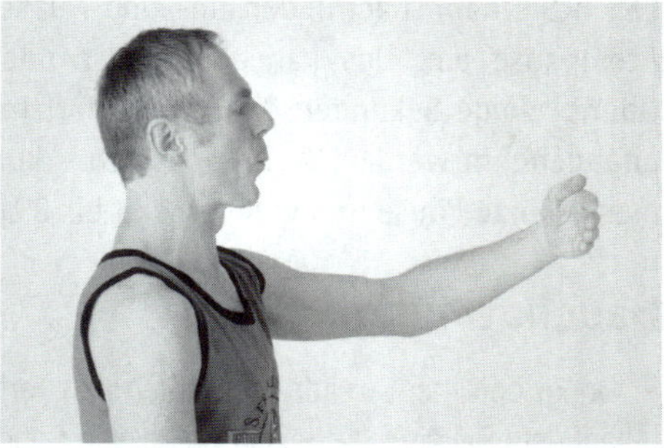

1 Bringen Sie eine Hand 20 bis 30 cm vor das Gesicht, so dass Sie in ihre Handfläche blicken können. Blasen Sie jetzt die Hand mit einem stimmlosen „F" in einem durchgehenden kühlen Luftstrom an.

2 Sollten Sie den Atem warm auf der Handfläche spüren, ist das ein Zeichen, dass Sie nur hauchen. Blasen Sie so, dass der Atemstrom kühl zu spüren ist, als würden Sie für Ihr Kind das heiße Essen kühlen wollen.

3 Atmen Sie dann wieder normal durch die Nase ein und wiederholen Sie das Kühlen der Handfläche mit dem Blasen bei der langen Ausatmung (4 bis 8 Mal).

Atempause

- Vertieft Ein- und Ausatmung.

Atmen Sie ein paar Mal tief durch die Nase ein und aus. Legen Sie dann nach jeder Ein- und Ausatmung eine kleine Atempause ein. Das kann sehr kurz oder mit ein wenig Übung einige Sekunden dauern. Es darf Ihnen jedoch nicht unangenehm werden. Also: Einatmen – kurze Pause, Ausatmen – kurze Pause und von vorne. 4 bis 8 Durchgänge.

Bauchatmung

- Bringt den Atem weiter nach unten und vertieft ihn. Die Hände auf dem Bauch schaffen ein Gefühl von Geborgenheit.

Legen Sie Ihre Hände auf den Bauch und lassen Sie sie entspannt ruhen. Atmen Sie durch die Nase tief ein und aus. Stellen Sie sich jetzt vor, dass Sie in Ihre Hände oder den Bereich darunter, hineinatmen. Sie können spüren, wie sich die Bauchdecke beim Einatmen leicht nach vorne wölbt und beim Ausatmen wieder absenkt. Wenn dies nicht der Fall ist, unterstützen Sie die Bauchatmung ein wenig, indem Sie beim Ausatmen mit den Händen leicht gegen den Bauch drücken und sie beim Einatmen wieder locker lassen. Ihr Bauch wird beim Einatmen größer, beim Ausatmen kleiner. Nach ein paar Durchgängen lassen Sie die Hände ruhen und atmen entspannt weiter, wieder mit der Vorstellung den Atem beim Einatmen zu Ihren Händen zu lenken. Fahren Sie so ein, zwei Minuten lang fort, oder solange es Ihnen angenehm ist.

Brustatmung

- Sie lernen, die Atmung nach oben zu lenken. Diese Atmung heißt Brustatmung. Durch das Baucheinziehen wird die Bauchmuskulatur gefördert und die Verdauung angeregt.

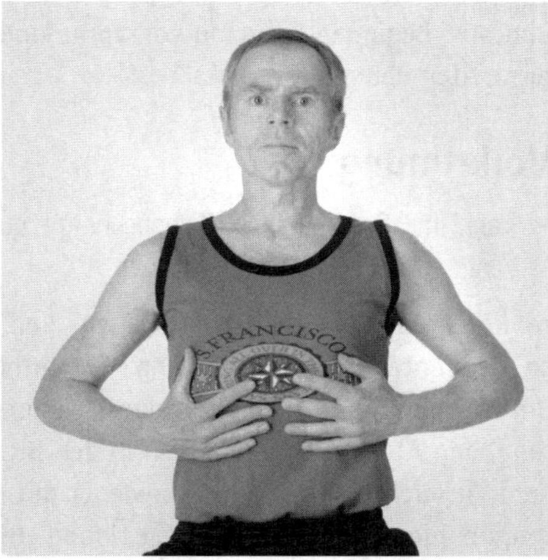

1 Legen Sie die Hände so, dass die Handflächen auf den unteren Rippen ruhen und die Finger auf der oberen Bauchgegend. Auf diese Art können Sie mit den Händen sowohl die Bewegungen des Bauches, als auch die der Brust spüren. Bei der nächsten Ausatmung ziehen Sie nun den Bauch ein und halten ihn dann eingezogen. Jetzt atmen Sie mit eingezogenem Bauch ein und lenken dadurch den Atem in die Brust. Das können Sie mit den Händen verfolgen.

2 Die Finger, die auf dem Bauch liegen, sollen sich während der Einatmung nicht bewegen, in den Handflächen spüren Sie vielleicht ein leichtes Heben und Senken der Brust. Nach der Einatmung mit eingezogenem Bauch atmen Sie wieder aus und lassen den Bauch völlig los. Ganz am Ende der Aus-

atmungsphase ziehen Sie den Bauch wieder ein und beginnen dann von vorne.

Möglicherweise möchten Sie nach dem ersten Durchgang eine kleine Pause einlegen. Lassen Sie dabei den Bauch entspannt und atmen Sie einige Male ohne Anstrengung ein und aus. Beginnen Sie dann von vorne und wiederholen Sie diese Atemübung 3 bis 4 Mal.

Vollatmung

- Tankt mit Sauerstoff und Lebensenergie auf, verbessert Konzentrationsfähigkeit und Verdauung.

In dieser Übung verbinden Sie Bauch- und Brustatmung zur so genannten Yoga-Vollatmung. Sie atmen zuerst in die Bauchgegend ein und atmen dann weiter mit der Vorstellung, den Atem auch nach oben in den Brustbereich zu lenken. Vielleicht können Sie dies wieder mit den Händen spüren, die hier so liegen wie in der Übung „Brustatmung" (siehe S. 53). Sie spüren bei Beginn der Einatmung, wie sich die Bauchgegend leicht nach vorn wölbt, und wenn Sie weiter einatmen, wie sich auch der Brustkorb nach vorn und zu den Seiten hin leicht hebt. Atmen Sie dann wieder entspannt aus.

Im Gegensatz zur Brustatmungsübung wird hier der Bauch *nicht* eingezogen, er wird nur durch die Atmung bewegt! Sie atmen also zuerst in den Bauch, dann weiter in die Brust und schließlich vollständig aus (4 bis 8 Atmungszyklen).

Entspannen

Entspannungsübungen sind der perfekte Ausgleich für das hektische Berufsleben. Sie beruhigen die Nerven, beseitigen Verspannungen und tanken den Organismus mit neuer Energie auf. Wenn Sie regelmäßig Entspannung üben, werden Sie merken, dass Sie bald auch in den Stresssituationen des Alltags schneller und leichter wieder zur Ruhe kommen.

Halten Sie sich für die Körperreise ebenso wie für die aktive Entspannungsübung (siehe S. 61) jeweils etwa 10 bis 15 Minuten frei.

Die Körperreise

Wie und wann können Sie diese Körperreise üben?

- Sie ist ein guter Abschluss nach aktiven Körperübungen.
- Sie können Sie als Einschlafhilfe einsetzen.
- Wann immer Sie sich verspannt, überdreht oder ruhebedürftig fühlen, kann Ihnen die Körperreise helfen, wieder ein inneres Gleichgewicht herzustellen.
- Wenn Sie eine kurze Auszeit vom aktiven Leben nehmen wollen.
- Wenn Sie bewusst einen Schnitt in Ihren Tag setzen wollen, zum Beispiel zwischen Arbeit und Freizeit.
- Die Körperreise ist eine Möglichkeit, wieder zu sich selbst zu kommen, wenn man sich verheddert hat und nicht mehr weiterkommt.

Doch vielleicht fragen Sie sich, wenn Sie den unten stehenden langen Text sehen, wie Sie sich das alles jemals merken sollen? – Keine Sorge! Wenn Sie den Text ein- oder zweimal gelesen haben, können Sie die Einzelheiten ruhig vergessen. Sie müssen lediglich das Prinzip verstanden haben. Und das ist schlicht und einfach: Sie durchwandern den Körper mit sanfter Aufmerksamkeit von unten nach oben, lassen sich dabei Zeit und spüren jeder Körperregion noch eine Weile nach. Strecken Sie sich danach noch einmal durch und beenden Sie die Übung. Und nun eine angenehme Reise!

So liegen Sie richtig

Legen Sie sich auf dem Boden auf Ihre Yogamatte oder eine gefaltete Decke. Begeben Sie sich in die Rückenlage. Die Arme liegen ein kleines Stück vom Körper entfernt, mit den Handflächen nach oben, wenn Ihnen dies angenehm ist. Öffnen Sie die Beine etwa hüftbreit und lassen Sie die Füße seitlich fallen, soweit dies ohne Spannung möglich ist. Legen Sie den Kopf in neutraler Position ab: das heißt, das Kinn ist weder zum Brustbein gezogen, noch nach oben gestreckt. Sie liegen richtig, wenn Sie gerade nach oben Richtung Zimmerdecke blicken.

Spüren Sie jetzt in Ihren unteren Rücken. Wenn sich dort etwas unangenehm anfühlt, stellen Sie die Füße hüftbreit geöffnet auf und lehnen die Knie aneinander. Diese Position entlastet den unteren Rücken. Ist dort jedoch alles o. k., lassen Sie die Beine am Boden liegen, ohne die Beinmuskeln anzuspannen.

Los geht die Reise

Schließen Sie jetzt die Augen und spüren Sie in sich hinein. Die Körperreise ist eine Entspannungsübung, bei der wir den Körper von unten nach oben durchwandern. Sie können sich dabei vorstellen, Sie würden die Entspannung von einer Körperregion zur nächsten mitnehmen, so dass sie sich nach und nach im ganzen Körper ausbreitet. Sie können sich auch einen Krug vor Augen halten, in den Sie Wasser gießen. Das einfließende Wasser steigt langsam im Krug von unten nach oben an, bis der Krug gefüllt ist.

Genauso lassen Sie die Entspannung im Körper langsam ansteigen, bis er ganz davon erfüllt ist. Vielleicht spüren Sie die Entspannung nicht sofort in den Körperbereichen, auf die Ihre Aufmerksamkeit gerade gerichtet ist. Manchmal folgt sie erst langsam nach, als hätte unser achtsames Hinspüren erst den Boden fruchtbar gemacht, in den dann der Samen der Entspannung fallen und langsam aufgehen kann.

Die Füße

Wir beginnen die Körperreise bei den Füßen. Lenken Sie Ihre innere Aufmerksamkeit zu den Füßen. Spüren Sie beide Füße. Die Zehen, die Fußsohlen, die Knöchel, die Fersen, den Spann oder Fußrücken. Lassen Sie das Licht Ihrer Aufmerksamkeit eine Weile dort ruhen, wie die Lampe eines Höhlenforschers ein interessantes Objekt aus dem Dunklen heraushebt. Spüren Sie, was sich im Körpergefühl Ihres Fußes ändert, wenn Sie die Aufmerksamkeit dort eine Weile belassen.

Vielleicht fühlt es sich wärmer an, vielleicht kribbelt es, oder die Füße fühlen sich leichter oder schwerer an. Was auch immer Sie spüren, registrieren Sie es einfach – auch wenn sich die Füße genauso anfühlen wie sonst. Es gibt nichts Besonderes zu erreichen. Durch das Hinspüren geben Sie der Entspannung Raum, sich auszubreiten und Sie geben dem Körper Zeit loszulassen.

Die Beine

Gehen Sie mit der Aufmerksamkeit langsam weiter nach oben und verfahren Sie mit jedem Körperteil, den Sie erreichen wie mit den Füßen beschrieben.

Spüren Sie jetzt Ihre Unterschenkel. Fühlen Sie die Waden, den Bodenkontakt, wenn Sie welchen haben. Spüren Sie die Schienbeine. Lassen Sie die Aufmerksamkeit bei beiden Unterschenkeln für eine Weile ruhen, völlig ohne Anstrengung.

Reisen Sie weiter zu den Knien. Spüren Sie die Oberseite und die Unterseite beider Knie und gehen dann nach einer Weile weiter zu den Oberschenkeln. Spüren Sie auch dort den Bodenkontakt, wenn Sie welchen haben. Fühlen Sie die Oberseite der Oberschenkel, die sich vielleicht anders anfühlen, als die Unterschenkel. Möglicherweise leichter. Mag sein, dass Sie einen leichten Lufthauch vom Fenster bemerken. Verweilen Sie eine Zeitlang und setzen Sie dann die Reise fort.

Po und Becken

Spüren Sie jetzt den Po am Boden, registrieren Sie den Bodenkontakt und bleiben Sie eine Weile mit Ihrer Aufmerksamkeit beim Po. Gehen Sie dann weiter zur Beckengegend. Spüren Sie zu Ihren Hüften hin, zum unteren Rücken, zum Genitalbereich. Stellen Sie sich vor, dass die Entspannung Ihr Becken nach und nach anfüllt.

Bauch und Brust

Gehen Sie weiter zur Bauchgegend, zu Ihrer Körpermitte. Fühlen Sie den Unterbauch, die Nabelgegend, den Oberbauch und den mittleren Rücken. Entspannen Sie durch das sanfte Hinspüren Ihre gesamte Bauchgegend und lassen Sie die Atmung ruhig fließen.

Jetzt wandern Sie weiter zum Brustkorb. Spüren Sie die Rippengegend bis zu den Schlüsselbeinen. Richten Sie die Aufmerksamkeit auf Schultern und oberen Rücken. Lassen Sie den Oberkörper durch Ihr entspanntes Hinfühlen los, so gut es geht. Vergessen Sie nicht: Es gibt nichts Bestimmtes zu erreichen.

Arme, Nacken und Hals

Lenken Sie jetzt die Aufmerksamkeit in Ihre Arme. Spüren Sie die Oberarme, den Bodenkontakt dort. Fühlen Sie Ihre Ellbogen und Ihre Unterarme. Nehmen Sie auch hier den Bodenkontakt wahr. Achten Sie nun auf die Hände. Die Finger, die Handflächen, die Handrücken, die Handgelenke und den Bodenkontakt der Hände. Bleiben Sie eine Weile beim entspannten inneren Betrachten der Arme und Hände und gehen Sie dann weiter zu Nacken und Hals. Fühlen Sie, ob Sie in dieser Gegend verspannt sind. Vielleicht können Sie etwas davon durch das sanfte Hinspüren loslassen.

Der Kopf

Wandern Sie weiter zum Kopf. Spüren Sie den Bodenkontakt des Hinterkopfes. Fühlen Sie Ihre Kopfhaut, die Stirn, die Augenmuskulatur. Lassen Sie den Blick hinter den Augenlidern sanft ruhen und schauen Sie sich alles an, was Sie dort sehen können. Farben, Formen oder innere Bilder. Lassen Sie jetzt Ihre Kiefergegend los, indem Sie den Mund ganz leicht aufgehen lassen. Sie können sich vorstellen, dass die Spannung des Gesichts seitlich in den Boden hineinfließt.

Die Reise tut Wirkung

Jetzt haben wir den Entspannungskreislauf geschlossen. Spüren Sie für den Rest Ihrer Entspannungszeit weiter in Ihren Körper hinein. Genießen Sie Bereiche, die sich gut anfühlen, schwelgen Sie ein wenig.

Wenn Sie irgendwo Verspannungen, Druck oder leichte Schmerzen spüren, lenken Sie das Licht Ihrer Aufmerksamkeit dort noch einmal hin und beobachten Sie, ob sich noch etwas verändert. Wenn nicht, akzeptieren Sie diesen Zustand für den Augenblick. Morgen kann sich alles schon wieder anders anfühlen. Lassen Sie Ihren Atem ruhig fließen, ohne ihn willentlich zu beeinflussen.

Die Heimkehr

Bevor Sie die Entspannung wieder auflösen, achten Sie noch einmal darauf, wie Sie sich gerade fühlen. Machen Sie zum Schluss eine Bestandsaufnahme. Bin ich entspannt oder verspannt? Bin ich ruhig oder nervös? Fühlt es sich eher gut an oder schlecht? Wie geht es mir gerade?

Dann verabschieden Sie sich von diesem Entspannungszustand, um wieder in das aktive Leben zurückzukehren. Beginnen Sie langsam, den Körper durchzuräkeln, wie morgens nach dem Aufwachen. Gähnen Sie, schneiden Sie ein paar Grimassen, stoßen Sie ein paar Seufzer aus oder geben Sie einige Laute von sich. Strecken Sie die Arme noch einmal nach oben oder nach hinten durch und nehmen Sie dabei ein paar tiefe Atemzüge, als würden Sie noch einmal auftanken. Rollen Sie dann mit herangezogenen Füßen auf die Seite und kommen Sie langsam wieder hoch zum Sitzen. Bleiben Sie einige Atemzüge lang sitzen, bevor Sie aufstehen, weil sich der Körper erst wieder an die aufrechte Lage gewöhnen muss.

Aktive Entspannungsübung

Bei dieser Entspannungsübung geht es darum, den Körper durch bewusstes Anspannen und wieder Loslassen in eine tiefe Entspannung sinken zu lassen. Spannen Sie die jeweiligen Körperbereiche dazu nur leicht an, es geht nicht darum viel Kraft aufzuwenden. Wichtig ist vielmehr die Spannung einige Sekunden lang aufrecht zu halten und dann völlig loszulassen und nachzuspüren.

Die aktive Entspannungsübung bietet die wunderbare Möglichkeit, zur Ruhe zu kommen und loszulassen, auch wenn man davor nicht aktiv geübt hat oder wenn man sehr unruhig ist. Oft genug versucht man vergeblich nach einem langen Arbeitstag sich hinzulegen und ein wenig auszuruhen – doch es gelingt nicht, innerlich loszulassen. Man fühlt sich trotzdem noch angespannt, nervös und unruhig. Bei dieser Übung werden Verspannungen aktiv gelöst, der Stress des Tages abgeschüttelt und die notwendige körperliche Entspannung wird möglich. Vielleicht kommt auch das Denken zur Ruhe und Sie schaffen sich wieder Raum für Neues.

Vorgehensweise

Lesen Sie sich den folgenden Text einmal ganz durch. Das Prinzip ist hier, wie bei der Körperreise (siehe S. 55): Sie durchwandern den Körper von unten nach oben und verweilen bei den einzelnen Regionen. Am Ende spannen Sie noch einmal alle Muskeln gleichzeitig an.

Wenn Sie die Übung einige Male gemacht haben, werden Sie sich an das Wesentliche erinnern – Sie können gar nichts falsch machen. Wenn Sie einen Bereich vergessen oder einen anderen dazunehmen, spielt das keine Rolle. Betrachten Sie den Text eher als Übungsvorschlag. Wichtig ist das Anspannen, das Loslassen und anschließend das Nachspüren, um der Entspannung Zeit zu geben, sich zu entfalten.

Los geht's

1 Legen Sie sich bequem auf einer Decke oder einem dicken Teppich auf den Rücken. Spüren Sie die Unterlage und atmen Sie eine Weile zum Ankommen, ohne etwas Besonderes zu machen, mit völlig normaler Atmung ein und aus.

Füße und Beine

2 Beginnen Sie mit dem Anspannen und Loslassen bei den Füßen. Spreizen Sie die Fußzehen beider Füße und ziehen Sie die Zehen leicht Richtung Körper. Halten Sie die Spannung einige Augenblicke lang und lassen Sie dann völlig los. Spüren Sie eine Weile nach.

3 Spannen Sie nun die Waden an oder drücken Sie sie nach unten gegen den Boden. Halten Sie die Anspannung einige Atemzüge lang und entspannen sie dann wieder und spüren Sie nach.

4 Spannen Sie jetzt in gleicher Weise die Kniemuskulatur an und lassen dann wieder los. Nun spannen und entspannen Sie die Oberschenkelmuskulatur.

Po und Bauch

5 Aktivieren Sie jetzt die Pomuskulatur, so dass Sie ein paar Zentimeter vom Boden abheben, halten Sie die Stellung einige Momente lang und lassen Sie wieder los.

6 Spannen Sie als nächstes den Schließmuskel und die Muskulatur des Genitalbereiches an, als müssten Sie die Entleerung verhindern. Lassen Sie dann wieder los und spüren Sie nach.

7 Ziehen Sie jetzt den Bauch ein in Richtung Boden und halten Sie die Spannung ein wenig. Dann wieder loslassen und nachspüren.

Brust, Nacken und Kopf

8 Drücken Sie den Brustkorb nach unten und die Schulterblätter gegen den Boden. Bleiben Sie so eine kleine Weile und lösen Sie die Anspannung wieder.

9 Spannen Sie nun die Nacken- und Halsmuskulatur an, jedoch nicht so stark, dass es Ihnen unangenehm wäre. Lassen Sie dann wieder los und spüren Sie nach.

10 Jetzt drücken Sie den Hinterkopf gegen den Boden, halten den leichten Druck für eine Weile aufrecht und lassen auch hier wieder los. Spüren Sie noch nach.

Gesicht

11 Ziehen Sie die Stirn in Falten, runzeln Sie die Stirn für einige Momente und lassen Sie wieder los.

12 Dann kneifen Sie die Augenmuskulatur leicht zusammen, als würden Sie vermeiden wollen, dass zu viel grelles Sonnenlicht in die Augen fällt. Bleiben Sie zwei, drei Atemzüge lang so und entspannen Sie den Augenbereich dann wieder.

13 Nun rümpfen Sie die Nase, als würden Sie in die Küche kommen und angebrannten Braten riechen. Bleiben Sie einen Moment lang so. Dann lassen Sie auch hier wieder los.

14 Jetzt ziehen Sie die Mundwinkel zur Seite wie ein Breitmaulfrosch und drücken die Lippen gegeneinander. Halten Sie dieses Grinsgesicht für einige Augenblicke aufrecht und

lassen Sie dann ebenfalls wieder los. Spüren Sie nun im ganzen Gesicht nach.

Arme und Hände

15 Drücken Sie die Oberarme gegen den Boden, halten Sie den Druck aufrecht und lassen Sie nach einer Weile wieder los. Dann drücken Sie die Unterarme nach unten, halten und lassen wieder los.

16 Als letztes kommen wir zu den Händen. Spreizen Sie die Finger und drücken Sie beide Hände gegen den Boden. Bleiben Sie einige Sekunden lang so und lassen Sie dann wieder los. Spüren Sie beide Hände.

Finale

17 Jetzt kommt das große Finale: Wir spannen alle soeben einzeln aktivierten Körperbereiche gleichzeitig an. Achten Sie darauf, das Anspannen nicht zu übertreiben, damit Sie keine unangenehmen Gefühle auslösen.

18 Und los geht's: Beginnen Sie von unten alle Muskelgruppen nacheinander zu aktivieren. Jede weitere Muskelgruppe kommt hinzu, ohne dass Sie die Anspannung der vorherigen lösen. Spannen Sie also die Füße, die Beine, den Po, Schließmuskel und Genitalbereich an. Drücken Sie die Bauchgegend und den Rücken nach unten, spannen Sie an im Nacken und Halsbereich, drücken Sie den Kopf leicht nach unten, ziehen Sie mit dem Gesicht eine Grimasse, drükken Sie Arme und Hände nach unten. Dann halten Sie die Spannung in allen Bereichen gleichzeitig einige Atemzüge lang aufrecht. Atmen Sie ruhig weiter. Zum Schluss lassen

Sie die Anspannung völlig los, so als hätte jemand den Strom abgedreht.

Völlige Ruhe

19 Vermeiden Sie nun jede Bewegung und bleiben Sie eine Weile so liegen. Genießen Sie die Früchte Ihrer Arbeit. Spüren Sie, wie die sanfte Welle der Entspannung langsam über Sie hinwegrollt, wie sich die Entspannung in Ihrem Körper ausbreitet, bis er ganz davon erfasst ist. Fühlen Sie mit sanfter Aufmerksamkeit alles, was zu spüren ist, geben Sie der Entspannung durch ihre totale Passivität Raum, sich zu entfalten. Bleiben Sie fünf Minuten lang so liegen oder eben so lange, wie es Ihnen angenehm ist.

20 Rollen Sie dann auf die Seite und kommen langsam wieder hoch zum Sitzen. Strecken Sie sich, gähnen Sie und räkeln Sie sich wie morgens nach dem Aufwachen und begeben Sie sich so wieder zurück ins aktive Leben.

■ *Besonders bei Hals, Nacken, Kopf und Gesicht ist es wichtig, nicht zu viel Druck auszuüben, weil es sonst unter Umständen zu leichten Kopfschmerzen oder Verspannungen kommt, die sich eine Weile halten können. Insgesamt gilt auch hier wieder der Leitspruch: Machen Sie nur so viel, wie es sich noch gut anfühlt.* ■

Yoga im Büro

Zwischendurch im Büro ein paar Minuten Yoga zu üben, kann so manchen Teufelskreis von Stress und Anspannung rechtzeitig durchbrechen. Und es macht Sie gewiss eher wieder munter als eine Tasse Kaffee. Im folgenden Kapitel finden Sie effiziente Übungen, die Sie ohne viel Aufhebens im Büro ausführen können.

Übungen am Schreibtisch

Für die folgenden Übungen können Sie einfach bleiben, wo Sie sind: auf Ihrem Büro-Drehstuhl vor dem Schreibtisch. Suchen Sie sich einige Übungen aus, bei denen Sie das Gefühl haben, dass sie Ihnen gerade gut tun würden. Sie können die Übungen aber auch als Übungsreihe aneinanderreihen (Zeitaufwand etwa 15 Minuten).

Achten Sie bitte bei allen Übungen im Sitzen darauf, dass Ihre Füße mit der ganzen Sohle parallel auf dem Boden stehen. Die Beine sollten auf keinen Fall übereinander geschlagen sein!

Seiten-Stretch

- Dehnt die Seiten Ihres Oberkörpers, die Muskulatur des Brustkorbs und die Schultern.

Ziehen Sie die Arme neben dem Kopf parallel nach oben, so weit Sie können. Die Armmuskulatur ist angespannt. Die Handflächen zeigen zueinander. Atmen Sie tief und regelmäßig. Bleiben Sie in dieser Stellung so lange es Ihnen gut tut, und versuchen Sie, die Arme immer noch ein Stückchen weiter dem Himmel entgegenzustrecken.

Schulter-Stretch

- Öffnet den Brustbereich und die Schultern.

Bringen Sie die Oberarme in die Waagrechte, die Unterarme beugen Sie im rechten Winkel zu den Oberarmen, nach oben.

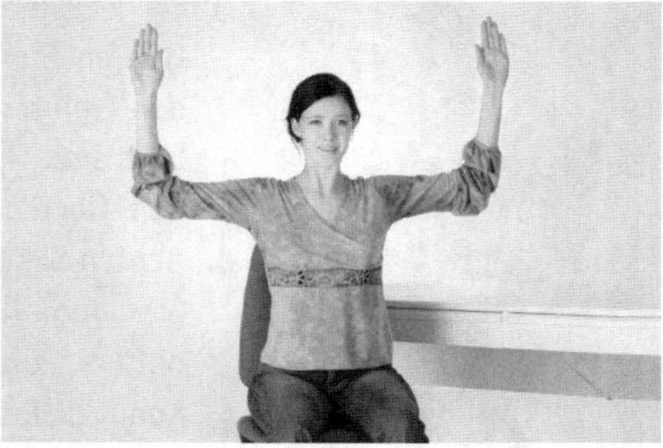

Ziehen Sie nun die Oberarme langsam nach hinten, so dass die Schulterblätter zueinander kommen und gut zu spüren sind. Bleiben Sie so 30 Sekunden lang.

Seit-Kipper

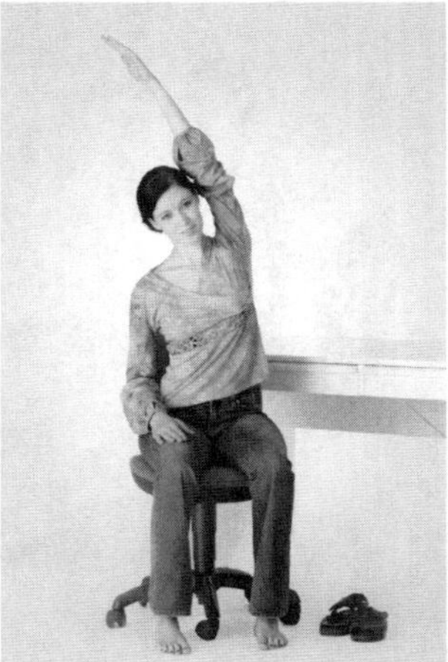

Drücken Sie mit der rechten Hand gegen den rechten Oberschenkel. Den linken Arm strecken Sie neben dem Kopf nach oben. Kippen Sie nun den aufrechten Oberkörper nach rechts, bis Sie eine Dehnung in der linken Seite fühlen. Bleiben Sie 30 Sekunden in dieser Stellung. Wechseln Sie nun die Seiten.

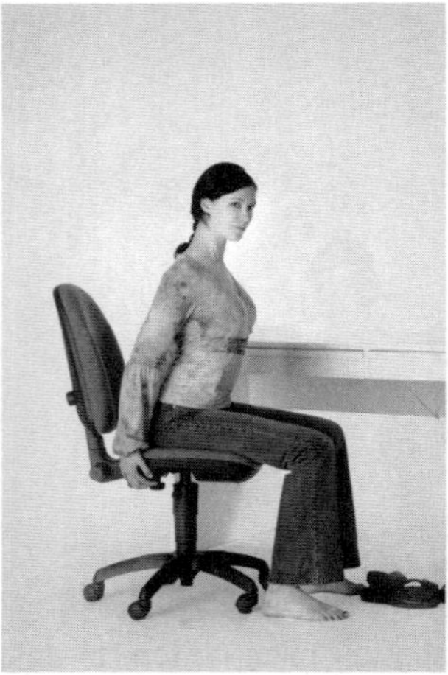

Frühlingserwachen

- Öffnet den Brustbereich und dehnt die Schulterregion.

Greifen Sie mit den Händen den hinteren Rand Ihres Stuhlsitzes und ziehen Sie den Oberkörper nach vorne. Achten Sie dabei darauf, dass Sie den Kopf nicht nach hinten überstrecken! Der Kopf bleibt in seiner natürlichen aufrechten Haltung. Halten Sie die Spannung 30 Sekunden lang.

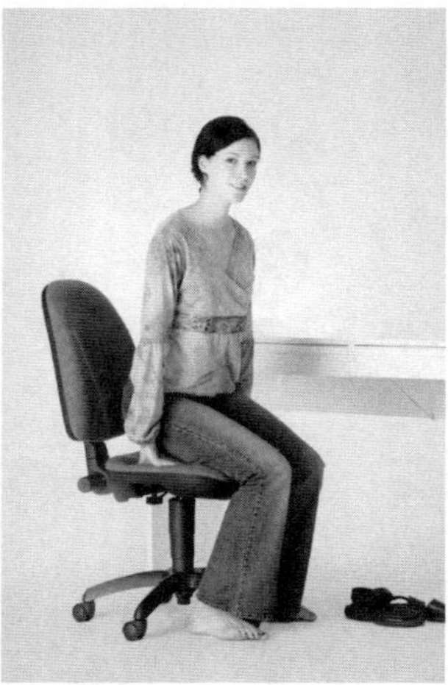

Sit-Up

- Aktiviert und belebt die Armmuskulatur, Schultern und Brustkorb.

Legen Sie die Hände neben den Oberschenkeln auf den Sitz und drücken Sie gegen den Sitz nach unten. Po und Oberschenkel heben Sie dabei ein wenig an und machen sie leichter. Halten Sie diese Position 30 Sekunden.

Side-Move

- Erhöht die Beweglichkeit des Oberkörpers, dehnt die Flanken (Seiten des Oberkörpers).

Heben Sie die Arme in die Waagrechte. Nun zieht der linke Arm gerade nach links, der Oberkörper geht mit. Dabei atmen Sie ein.

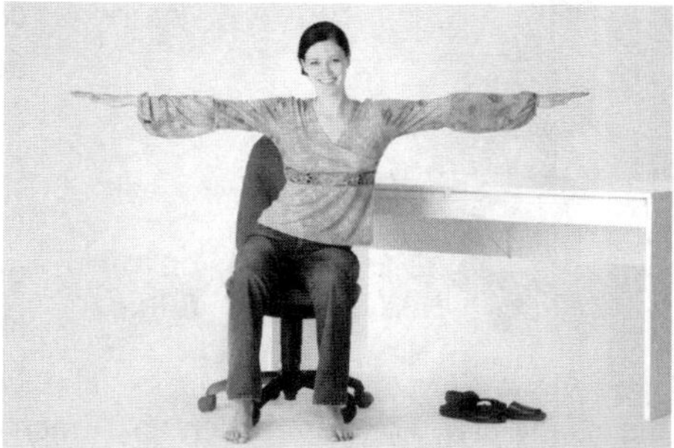

Beim Ausatmen ziehen Sie den rechten Arm nach rechts, wieder geht der Oberkörper mit. Wiederholen Sie den Zyklus 4 bis 6 Mal. Achten Sie darauf, dass die Arme während der gesamten Übung parallel zum Boden bleiben.

Becken-Schiebung

- Aktiviert und belebt das Becken.

Legen Sie die Hände auf die Oberschenkel. Kippen Sie nun das Becken vor und zurück, indem Sie es nach vorne schieben und nach hinten ziehen. Bei der Vorwärtsbewegung atmen Sie aus, beim Zurückziehen ein. Versuchen Sie bei dieser Übung, ausschließlich das Becken zu bewegen. Führen Sie die Bewegung 30 Sekunden lang aus.

Büro-Hänger

- Dehnt die Rückenmuskulatur.

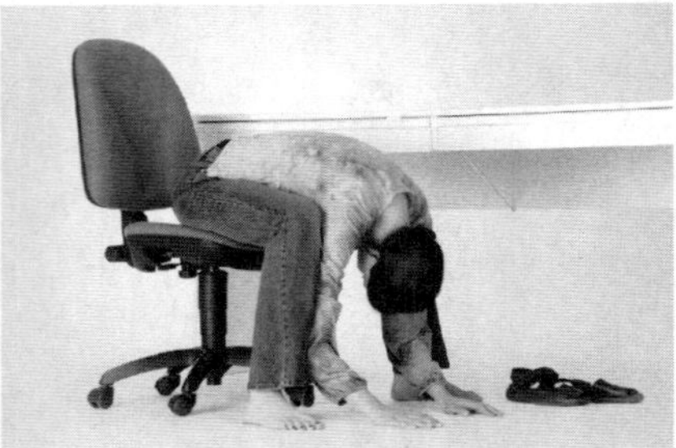

Setzen Sie sich auf die vordere Hälfte des Stuhles. Lassen Sie Oberkörper und Arme zwischen den rechtwinklig aufgestellten Beinen locker nach unten hängen. Legen Sie die Hände bzw. Arme am Boden ab. Atmen Sie tief und ruhig durch die Nase. Bleiben Sie so 30 bis 60 Sekunden lang.

Bein-Stretch

- Dehnt die Beinmuskulatur.

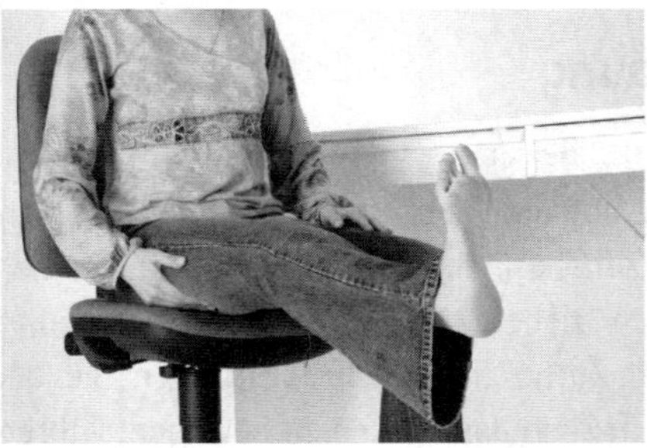

Heben Sie ein Bein an und strecken Sie es gerade nach vorne, bleiben Sie einige Atemzüge lang in dieser Stellung. Sie können die Übung intensivieren, indem Sie den Fuß anheben und die Zehen zum Körper hin ziehen. Legen Sie die Hände auf den Oberschenkeln ab. Wiederholen Sie die Übung mit dem anderen Bein (jeweils 20 bis 30 Sekunden).

Zehen-Zug

- Dehnt die Waden, Fußgelenke und Fußmuskulatur.

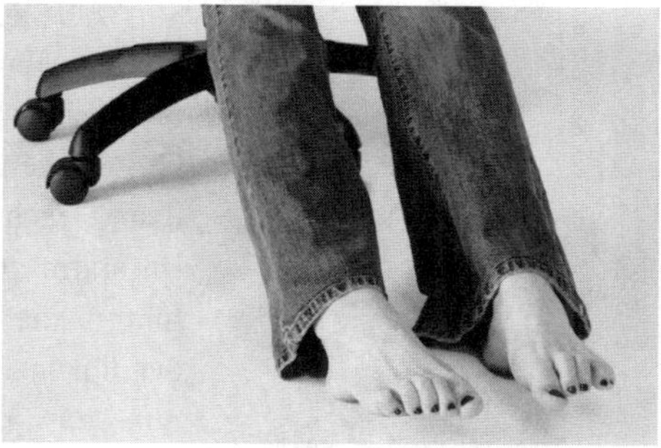

Laufen Sie mit den Füßen im Sitzen nach vorne, bis die Beine gestreckt sind und nur noch die Fersen Bodenkontakt haben. Drücken Sie Zehen und Fußballen für 20 bis 30 Sekunden nach unten. Wer zu Wadenkrämpfen neigt, sollte nur sehr vorsichtig üben.

Büro-Drehsitz

- Macht die Wirbelsäule beweglich und löst dort die Spannung.

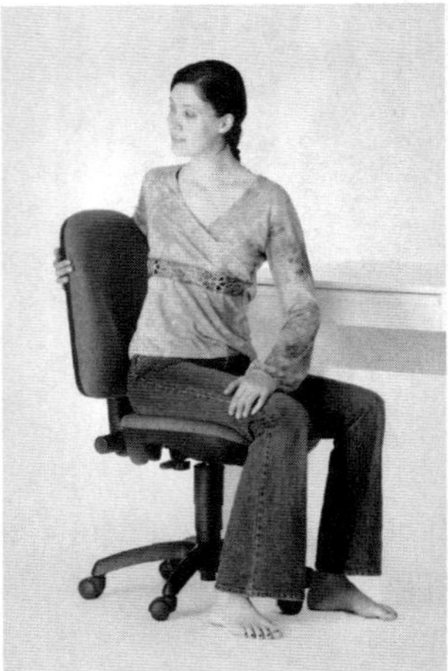

Setzen Sie sich auf den hinteren Bereich des Stuhles, ohne sich anzulehnen. Drehen Sie den Oberkörper jetzt nach rechts. Der rechte Unterarm greift und hält von hinten die Stuhllehne. Mit der linken Hand drücken Sie nun das rechte Knie von außen nach links und halten mit dem Knie dagegen. Drehen Sie den Oberkörper und den Kopf weiter nach rechts, ohne den Stuhl mitzudrehen. Bleiben Sie für etwa 30 Sekunden in der Drehung. Wiederholen Sie die Übung zur anderen Seite hin.

Handkreisen

- Lockert für die Handgelenke

Bringen Sie die Arme schulterbreit geöffnet nach vorne in die Waagrechte, kreisen Sie dann mit den Händen 20 Sekunden lang erst nach innen (aufeinander zu), dann 20 Sekunden lang nach außen (voneinander weg). Die Arme bleiben dabei ruhig.

Faust öffnen

- Gut für Finger- und Handmuskulatur.

Heben Sie die Arme vor der Brust an und schließen Sie die Hände zu Fäusten. Lassen Sie die Hände 4 bis 8 Mal blitzschnell auf und zu schnappen.

Seit-Blicke

- Gut für die Nackenmuskulatur.

Drehen Sie den aufrechten Kopf langsam und vorsichtig, so weit wie möglich nach rechts, dann nach links. Achten Sie darauf, den Kopf nicht nach oben oder unten zu kippen. Wiederholen Sie diese Bewegung 4 bis 8 Mal.

Ohr zur Schulter

- Intensiv für Nacken- und Schultermuskulatur.

Kippen Sie Ihren Kopf mit dem Ohr in Richtung Schulter, den Arm der jeweils anderen Seite ziehen Sie dabei gestreckt nach unten. Wechseln Sie dann die Seiten. Genießen Sie die Dehnung der seitlichen Halsmuskulatur jeweils 20 bis 30 Sekunden lang.

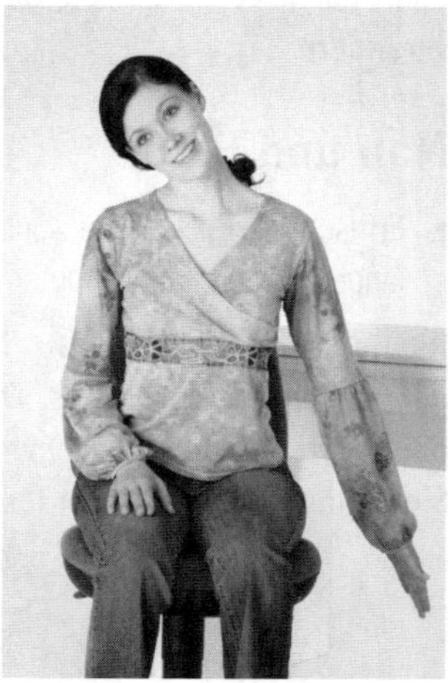

Look up and down

- Dehnt die Nacken- und Halsmuskulatur.

Heben Sie zunächst den Kopf und blicken Sie nach oben zur Decke. Dabei atmen Sie ein. Dann senken Sie den Kopf und schauen zwischen den Beinen nach unten zum Boden. Atmen Sie dabei aus. Wiederholen Sie diese Bewegung mehrmals. Führen Sie diese Übung vorsichtig und langsam aus, damit Sie sich keine Zerrung im Nacken-/Halsbereich zuziehen.

Augen-Blicke

- Trainiert die Augenmuskeln.

Lassen Sie den Blick entspannt eine Zeitlang nach links, dann nach rechts kreisen, ohne die neutrale Kopfstellung zu verändern.

Nah und Fern

- Erfrischt und belebt die Augen, eignet sich besonders gut nach langem Sitzen am Computer.

Richten Sie den Blick auf ein nahe liegendes Objekt, dann auf ein weiter entferntes. Fokussieren Sie einige Male auf diese Art unterschiedlich weit entfernte Dinge und lassen Sie dann den Blick wieder los.

Augen-Entspannung

- Entlastet Ihre Augen. Besonders gut für Bildschirmarbeiter.

Stützen Sie die Ellbogen auf den Schreibtisch und bedecken Sie die Augen mit den Händen. Üben Sie keinen Druck dabei aus. Atmen Sie nun warm in die Hände und entspannen Sie für eine Minute.

Clownereien

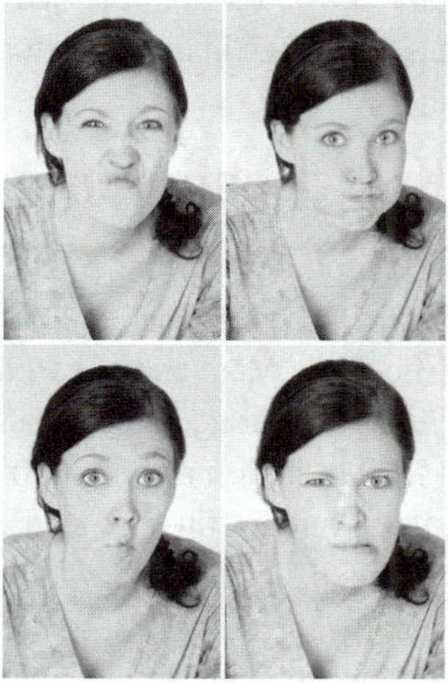

- Führt zur kompletten Entspannung der Gesichtsmuskulatur.

Schneiden Sie wilde Gesichtsgrimassen, so einfallsreich und unterschiedlich wie möglich.
Nach etwa einer Minute Gesichtsakrobatik lassen Sie die Anspannungen locker. Spüren Sie eine Weile nach.

Büro-Schlaf

- Entspannt den ganzen Körper, mobilisiert frische Energie.

Setzen Sie sich auf die vordere Hälfte des Stuhles und lehnen Sie den Rücken hinten an. Legen Sie die Hände auf den Oberschenkeln ab und lassen Sie nun den Oberkörper einsinken. Der Kopf hängt entspannt leicht nach unten. Atmen Sie ruhig und tief und spüren Sie den ganzen Körper. Bleiben Sie eine bis 5 Minuten in dieser Haltung.

Kraft schöpfen mit Standhaltungen

Im Büro Standhaltungen zu üben, ist nicht immer möglich – schließlich kann jeden Moment die Türe aufgehen. Wer jedoch die Möglichkeit hat, die Mittagspause unbehelligt im Büro zu verbringen, oder dafür sorgen kann, dass etwa zehn Minuten lang niemand stört und keine Telefonate durchgestellt werden, für den sind die folgenden, einfachen Büro-Übungen sicher ein Gewinn. Im Sommer können Sie ja vielleicht während der Pause auf eine nahe gelegene Grünfläche ausweichen, auf der es einen Baum und eine Bank gibt, wo sich anlehnen können beziehungsweise das Bein auflegen (Zeitaufwand für alle Übungen dieses Kapitels etwa 8 bis 10 Minuten.)

Bein-Balance

- Mobilisiert die Bein- und Hüftmuskulatur, dehnt die Seiten des Oberkörpers durch das Armanheben und löst durch das Drehen des Oberkörpers Verspannungen im Rücken. Zudem werden Gleichgewichtssinn und Konzentrationsvermögen geschult.

1 Stellen Sie sich etwa einen Schritt entfernt vor den Schreibtisch oder ein freies Fensterbrett und legen Sie vorsichtig das rechte Bein mit der Ferse auf der Schreibtischplatte oder dem Fensterbrett ab. Der Fuß des Standbeins zeigt gerade nach vorne.

2 Wenn Sie die Balance gut halten können, nehmen Sie beide Arme hoch und strecken sie neben dem Kopf nach oben. Bleiben Sie 30 Sekunden lang in dieser Position. Nehmen Sie die Arme jetzt wieder herunter.

3 Drehen Sie dann vorsichtig Standfuß und Oberkörper nach links, so dass Ihr rechtes Bein jetzt seitlich angehoben ist. Drücken Sie mit der rechten Hand von vorne leicht gegen das abge-

legte Bein nach rechts. Der rechte Arm sollte dabei möglichst gestreckt sein. Den Oberkörper drehen Sie noch ein wenig weiter nach links und legen die linke Hand von hinten in die rechte Taille. Dadurch nehmen Sie die linke Schulter gut zurück.

4 Blicken Sie nun in Richtung aufgelegtes Bein und bleiben Sie 30 Sekunden in dieser Haltung. Drehen Sie sich dann vorsichtig wieder in die Ausgangsposition zurück (frontal) und nehmen Sie das Bein wieder herunter. Wiederholen Sie die Übung mit dem anderen Bein.

Tisch-Haltung

- Optimal für verspannte Schultern und Verspannungen im Rükken. Die Wirbelsäule und ihre Stützmuskulatur werden gedehnt, vitalisiert und Verspannungen gelöst.

1 Legen Sie die Hände auf Brusthöhe und schulterbreit geöffnet mit den Fingern nach oben an die Wand.

2 Laufen Sie nun mit den Füßen so weit von der Wand weg, bis die Arme gestreckt sind.

3 Ziehen Sie den Po nach hinten und kippen Sie das Becken leicht nach oben. Drücken Sie die Schulterblätter nach unten. Laufen Sie dabei weiter nach hinten, und zwar so weit, dass die Beine wieder senkrecht zum Boden stehen. Die Hände rutschen dabei an der Wand immer tiefer. Sie sollten allerdings nie tiefer als die Schultern liegen. Der Rücken sollte jetzt so gerade sein wie eine Tischplatte. Im Idealfall bilden Beine und Oberkörper einen rechten Winkel. Bleiben Sie etwa 30 Sekunden in dieser Stellung.

Büro-Krieger

- Zusätzlich zu den Wirkungen der Tisch-Haltung werden die Beinmuskulatur und die Muskulatur um die Hüfte (des angehobenen Beines) herum aufgebaut.

1 Kommen Sie in die oben beschriebene Tisch-Haltung (siehe S. 81) und heben Sie ein Bein mit der Ferse gerade nach hinten an.

2 Gehen Sie nicht höher als waagrecht zum Boden. Versuchen Sie den langen Rücken und die gestreckten Beine der Tisch-Haltung nicht aufzugeben, das ist die Herausforderung. Drücken Sie mit den Händen gut gegen die Wand und ziehen Sie den Po weiter nach hinten. Achten Sie darauf, die Hüfte nicht seitlich anzuheben. Halten Sie die Krieger-Energie für 30 Sekunden aufrecht.

3 Wenn Sie diese Übung überanstrengt oder Sie im Rücken verspannen und einsinken, nehmen Sie das Bein einfach etwas tiefer. Wiederholen Sie die Übung mit dem anderen Bein.

Stuhl-Haltung

- Die vorderen Oberschenkelmuskeln werden stark gedehnt und dadurch aufgebaut.

1 Stellen Sie sich mit dem Rücken an eine Wand oder eine stabile, glatte Schrankfläche. Der Hinterkopf, der Rücken (bis auf die Innenwölbung des unteren Rückens), Po und Fersen berühren die Wand.

2 Laufen Sie nun mit den Füßen nach vorne – Rücken und Po bleiben an der Wand! – und beugen Sie dabei die Knie. Dadurch rutschen Sie mit dem Oberkörper und dem Becken an der Wand immer tiefer. Spätestens wenn die Unterschenkel senkrecht zum Boden stehen, bleiben Sie stehen. Im Idealfall bilden Ober- und Unterschenkel einen rechten Winkel.

3 Gehen Sie nicht über Ihre Grenzen. Wenn Sie Ihre persönliche Endposition erreicht haben, verweilen Sie dort 1 Minute oder länger, drücken mit dem Rücken und auch mit den Armen neben dem Körper gegen die Wand.

Sie können die Stellung noch intensivieren, wenn Sie die Arme nach oben strecken und gegen die Wand drücken.

Wand-Hänger

- Dehnt die Rückenmuskulatur und die hinteren Beinmuskeln. Außerdem wird der Oberkörper und vor allem der wichtigste Körperteil des Büroarbeiters, der Kopf, besser durchblutet und mit frischer Energie versorgt.

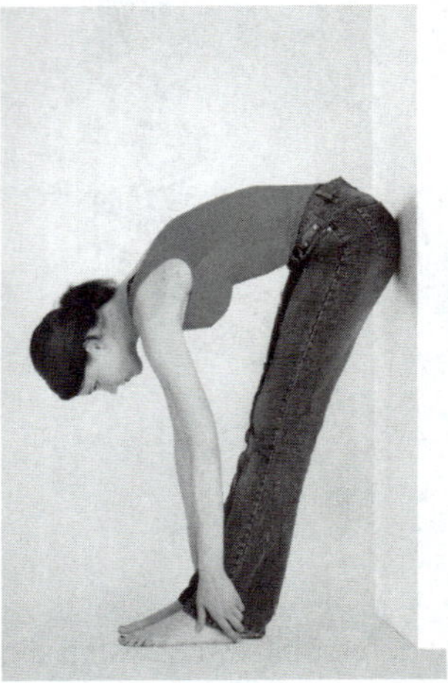

1 Stellen Sie sich mit dem Rücken an eine Wand. Hinterkopf, Rücken, Po und Fersen berühren die Wand.

2 Bringen Sie jetzt ausschließlich die Füße ein bis zwei Schritte nach vorn, ohne die Knie zu beugen. Ziehen Sie vorsichtig den geraden Oberkörper nach vorne und lassen Sie ihn dann nach unten sinken. Wandern Sie dabei mit den Händen an den Beinen nach unten, bis Sie merken, dass es nicht mehr weitergeht. Bleiben Sie an diesem Punkt, lassen Sie den Oberkörper einfach hängen und die Dehnung wirken.

3 Bleiben Sie in dieser Stellung 1 bis 2 Minuten. Wenn Ihnen schwindlig wird oder Sie einen Druck im Kopf spüren, lösen Sie sich aus der Haltung. Kommen Sie dann langsam wieder hoch und lehnen Sie den Oberkörper noch eine Weile gegen die Wand, um sich wieder an die aufrechte Position zu gewöhnen.

Armpumpe nach hinten

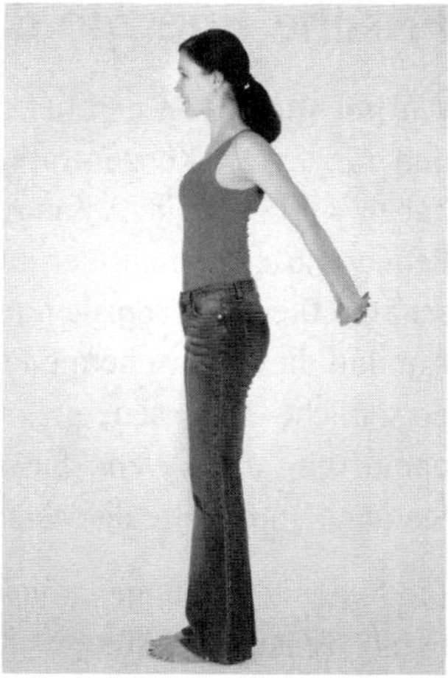

- Dehnt den Schulterbereich.

Stehen Sie aufrecht und verschränken Sie die Finger hinter dem Po. Heben Sie die Arme leicht an und ziehen ein wenig nach hinten, ohne Schultern und Brustkorb nach vorne zu kippen. Halten und spüren Sie die Dehnung im Schultergürtel 30 bis 60 Sekunden.

Leichte Rückbeuge

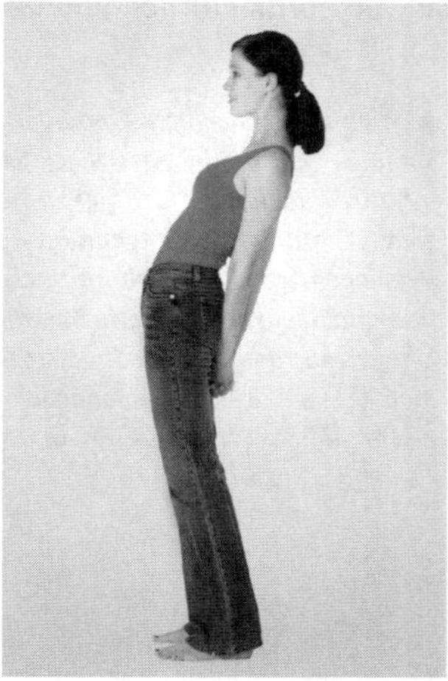

- Dehnt den Oberkörper vorn, öffnet die Schultern.

Verschränken Sie die Finger hinter dem Po. Legen Sie die Hände am Po an und ziehen Sie nach unten. Spannen Sie die Oberschenkelmuskeln an und schieben Sie das Becken nach vorn. Heben Sie den Brustkorb an und wölben Sie den Rücken dabei leicht nach hinten (30 Sekunden).

Frische Energie durch Atmen

Wie wichtig das Atmen für unser allgemeines Wohlbefinden und für unsere Konzentrationsfähigkeit im Besonderen ist, haben wir bereits im Anfangskapitel erwähnt. Leider wird die Bedeutung einer richtigen und tiefen Atmung meist unterschätzt. Die alten Yogis gingen davon aus, dass man über die Atmung die Lebensenergie Prana aufnimmt und dadurch die persönliche Lebensenergie stärkt. Lassen Sie sich einmal darauf ein, auch wenn Sie skeptisch sind und beobachten Sie ohne Vorbehalte die Wirkung.

Die folgenden Übungen können Sie gut auch vor dem geöffneten Fenster ausführen (Übungszeit etwa 5 Minuten). Wenn Sie die Übungen als Übungsreihe machen, gönnen Sie sich zwischen den Übungen jeweils 30 Sekunden Pause, in der Sie normal atmen und nachspüren.

▪ *Wenn Ihnen bei den Atemübungen schwindlig wird, Sie außer Atem kommen oder es Ihnen schlecht wird, ist das ein Zeichen, dass Sie zu intensiv atmen (zum Beispiel zu tief, zu schnell oder zu langsam). Reduzieren Sie dann Ihre Atemintensität oder hören Sie mit der Übung auf. Versuchen Sie es einfach ein andermal. Die Übungen sollten angenehm sein und Sie in keiner Weise überfordern. Nach und nach gewöhnt sich Ihr Organismus daran, mehr Sauerstoff und dadurch mehr Energie aufzunehmen. Dies sollte sich entspannend und zugleich belebend anfühlen, wie ein zweiminütiger Wellness-Urlaub.* ▪

Luftballon

- Hilft tief in den Bauch zu atmen und Energie zu tanken.

1 Stehen Sie mit leicht gebeugten Knien und hüftbreit geöffneten Beinen, legen Sie die Hände auf die Nabelgegend.

2 Beim Einatmen öffnen Sie die Arme nach vorn ausholend zur Seite. Atmen Sie dabei langsam und tief durch die Nase in den Bauch hinein. Beim Ausatmen nehmen Sie die Arme und Hände wieder zurück, bis sie am Ende der Ausatmung auf dem Bauch liegen. Fühlen Sie, wie Ihr Bauch, als wäre er ein Luftballon beim Einatmen größer und beim Ausatmen kleiner wird.

3 4 Mal wiederholen. Wenn Sie möchten, strecken Sie beim Einatmen die Beine etwas und gehen beim Ausatmen leicht in die Knie.

Luft-Pumpe

- Vertieft Ihre Atmung auf meditative Weise.

1 Sie stehen mit hüftbreit geöffneten Beinen fest auf dem Boden, die Füße zeigen nach vorne. Verschränken Sie die Finger vor dem Bauch. Drehen Sie die Handflächen so, dass sie nach unten zeigen.

2 Ziehen Sie beim Einatmen die verschränkten Hände bis auf Brusthöhe nach oben, beim Ausatmen führen Sie die Hände wieder nach unten, bis sie gestreckt sind. Bei der Aufwärtsbewegung, die das Einatmen begleitet, können Sie die Beine strecken und bei der Bewegung nach unten, die das Ausatmen begleitet, leicht in die Knie gehen. Die Finger bleiben während der gesamten Übung (4 Zyklen) locker verschränkt.

Luft-Gruß 1

- Eine ruhige, durchgehende Bewegung ohne Anstrengung, die Sie in Kontakt mit Ihrer Atmung bringt und sie vertieft.

1 Stellen Sie sich fest auf den Boden, die Beine hüftbreit auseinander. Legen Sie nun die Handflächen vor der Brust aneinander (indische Grußhaltung Namaste).

2 Lassen Sie die Arme nach unten sinken, lösen Sie die Hände voneinander und führen Sie die Arme gestreckt über die Seiten über den Kopf. Bringen Sie die Handflächen nun wieder zusammen und führen Sie die Hände langsam wieder nach unten vor die Brust. Die Aufwärtsbewegung begleitet die Einatmung, die Abwärtsbewegung die Ausatmung.

3 Wiederholen Sie dies 4 Mal. Achten Sie darauf, dass die Bewegung ruhig und langsam fließt und auf den Atem abgestimmt ist.

Luft-Gruß 2

- Sie lernen spielerisch, tief und entspannt zu atmen und bringen dadurch frische Energie in den Körper.

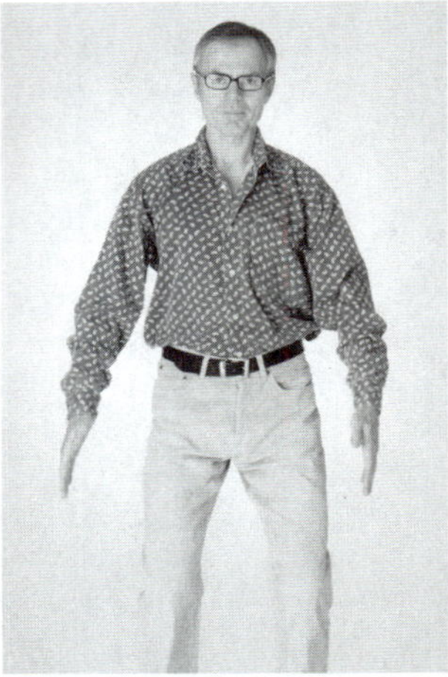

1 Bei dieser Übung wird die Bewegung von Luft-Gruß 1 genau umgekehrt. Heben Sie mit der Einatmung die aneinander gelegten Hände nach oben an bis die Arme gestreckt sind.

2 Lösen Sie dann mit dem Beginn der Ausatmung die Hände voneinander und führen Sie die Arme über die Seiten nach unten bis sich die Handflächen vor dem Becken treffen. Am Ende der Ausatmungsphase heben Sie die aneinander gelegten Hände wieder vor die Brust.

3 4 Mal wiederholen. Bleiben Sie so entspannt wie möglich, während Sie tief atmen.

Übungsreihen für jede Stimmungslage

Es gibt Situationen, in denen man sich mal so richtig auspowern möchte, und andere, in denen man nur noch seine Ruhe will und sich am liebsten gar nicht mehr bewegen würde. Im folgenden Kapitel finden Sie Übungsreihen, die speziell für solche Stimmungen zusammengestellt sind.

Wenn Sie eigentlich schon zu müde sind

Für viele wird das die Regel sein: Sie kommen abends erschöpft und ausgepumpt nach Hause und wollen nichts als Ihre Ruhe. Wenn Sie das bisschen Energie noch aufbringen, Ihre Yoga-Matte auf den Boden zu legen, haben Sie sich die beste Chance geschaffen, wirklich zur Ruhe zu kommen.

Die folgenden Übungsreihen haben wir Ihnen für genau diese Situation zusammengestellt. Entweder Sie kommen mit Hilfe dieser Übungen soweit zur Ruhe, dass Sie sich entspannt fühlen und gut schlafen können, oder Sie fühlen sich danach sogar wieder etwas frischer und können den Abend noch etwas genießen. Für die beiden folgenden Übungsreihen sollten Sie jeweils etwa 5 bis 8 Minuten einplanen.

Mit den Beinen gegen eine Wand

- Diese Übungsreihe vitalisiert und entspannt.

Übungen mit den Beinen an der Wand bringen Sie in eine Umkehrhaltung. Solche Übungen haben einen besonderen Nutzen: Die hochgelegten Beine gleichen etwa langes Stehen tagsüber aus. Die Bauchgegend mit den inneren Organen wird besser durchblutet und die Verdauung angeregt. Die Wand als Hilfsmittel erleichtert Übungen, die als Umkehrübungen frei im Raum für Ungeübte kaum zu leisten wären.

Stabstellung in Rückenlage

1 Legen Sie sich vor eine Wand und lehnen Sie die Beine gegen die Wand. Bewegen Sie den Oberkörper am Boden entlang auf die Wand zu und bringen Sie gleichzeitig die Beine an der Wand immer höher. Rutschen Sie so nahe an die Wand, wie es geht, und drücken Sie die Beine gegen die Wand, damit Sie möglichst gestreckt sind.

2 Bringen Sie die Arme jetzt über den Kopf nach hinten und ziehen Sie sie, mit den Handrücken nach unten, vom Körper weg. Dadurch wird der Oberkörper, besonders die Seiten, stark gedehnt. Bleiben Sie eine halbe Minute in dieser Position, bzw. so lange, wie es Ihnen angenehm ist.

Halbe Kerze

- Löst Verspannungen in Schultern und Nacken.

1 Rutschen Sie jetzt mit den Füßen an der Wand nach unten, indem sie die Knie ein bisschen anziehen, bis die Fußsohlen an der Wand sind.

2 Heben Sie nun das Becken an und stützen Sie es mit den Händen von unten ab. Schieben Sie das Becken von der Wand weg, so weit Ihnen dies möglich ist und drücken Sie mit den Fußsohlen gegen die Wand. Eventuell müssen Sie die Füße dazu wieder ein Stück nach oben bringen. Im Idealfall stehen Rücken und Oberschenkel parallel, die Unterschenkel waagrecht zur Wand. Schulter und Kopf bleiben in Bodenkontakt.

3 Verweilen Sie auch hier eine halbe Minute, wenn es beschwerlich wird auch kürzer, und etwas länger, wenn es Ihnen angenehm ist. Lassen Sie den Atem ruhig weiterfließen.

Schräge Gerade zur Wand oder die „schiefe Kerze"

- Dehnt und massiert Nacken und Schulter.

1 Bleiben Sie in der Position der vorigen Übung und wandern Sie jetzt mit den Füßen an der Wand hoch bis die Beine gestreckt sind und nur noch die Fersen die Wand berühren. Sie bilden jetzt eine schräge Gerade zur Wand. Bleiben Sie auch in dieser Stellung 30 Sekunden lang oder so lange es Ihnen möglich ist. Lassen Sie das Becken dabei nicht nach unten sinken!

2 Kommen Sie mit dem Rücken Wirbel für Wirbel langsam zum Boden. Die Fersen rutschen dabei an der Wand entlang nach unten. Bewegen Sie den Oberkörper wieder so nahe wie möglich an die Wand, wie in Position 1.

Seitliches Beinöffnen

- Dehnt die Oberschenkel innen.

Öffnen Sie die Beine an der Wand entlang und halten Sie mit den Händen unterstützend die Oberschenkel oder Knie. Wenn Sie sich in der Position gut fühlen, nehmen Sie die Hände weg und legen die Arme seitlich neben dem Körper ab. Bringen Sie die Schulterblätter so gut wie möglich zum Boden. Spüren Sie die Dehnung und bleiben Sie 30 Sekunden.

Schmetterlingsstellung

- Macht die Hüften beweglicher.

Bringen Sie die Beine wieder zusammen und rutschen Sie mit den Füßen an der Wand nach unten, bis Sie diese mit den Händen fassen können. Legen Sie die Fußsohlen aneinander. Drücken Sie mit den Händen die Oberschenkel in Richtung Wand, wenn dies keine Schmerzen verursacht. (30 Sekunden.)

„Druck machen"

- Aktiviert die Muskeln in Beinen, Armen und Rücken.

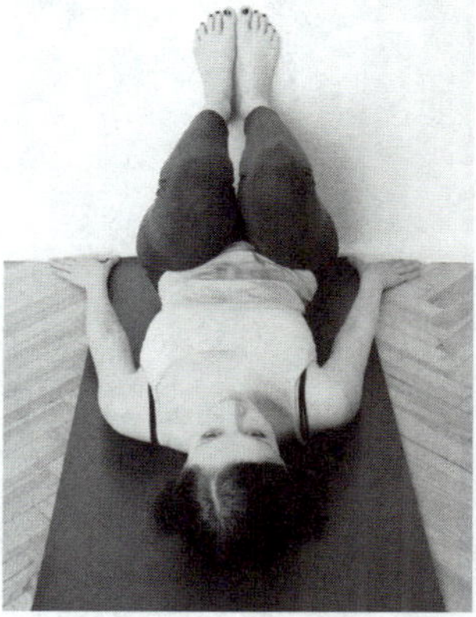

Führen Sie mit den Händen die Knie zueinander und bringen Sie die Fußsohlen gegen die Wand. Legen Sie die Arme am Boden ab. Drücken Sie gleichzeitig die Füße gegen die Wand, und den Rücken, das Becken und die Arme gegen den Boden. Sie bauen so noch einmal Spannung auf. Bleiben Sie ein paar Atemzüge lang so und lassen Sie dann die Spannung wieder ganz los.

Entspannung mit den Beinen an der Wand

- Regt die Durchblutung der Bauchgegend und des Unterleibes an, pumpt das Blut leichter zum Herzen zurück.

1 Rutschen Sie jetzt mit dem Po ein Stück von der Wand weg (ca. 20 – 30 cm) und bringen Sie dann die Beine nach oben. Bewegen Sie sich auf jeden Fall so weit von der Wand weg, dass Sie die Beine ohne Muskeleinsatz oben halten können. Das ist in leichter Schräglage besser möglich.

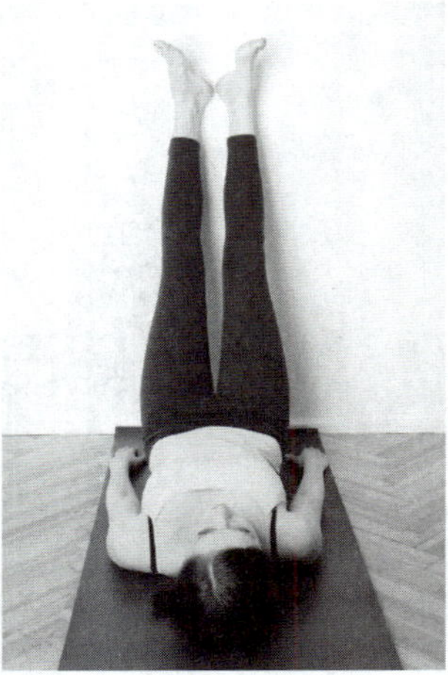

2 Bringen Sie die Füße aneinander. Die Fersen bleiben zusammen, der vordere Fuß fällt nach außen. Legen Sie die Arme bequem neben dem Körper ab und stellen Sie sich auf die Entspannung ein.

3 Hören Sie mit jeder bewussten Aktivität auf. Lassen Sie den Körper nach und nach total los und geben Sie das Gewicht an die Wand und den Boden unter sich ab. Lassen Sie die Atmung entspannt fließen.

4 Bleiben Sie zwei Minuten oder solange Sie wollen so liegen (manche entspannen eine Viertelstunde in dieser Haltung). Lassen Sie zum Schluss die Beine wieder nach unten, rollen Sie sich auf eine Seite und kommen Sie langsam hoch zum Sitzen.

Diese Schlussentspannung können Sie am Ende eines langen Arbeitstages, an dem Sie vielleicht viel stehen mussten, auch einzeln machen – ohne die aktiven Übungsteile davor. Es ist eine alte Weisheit, dass es gut tut, öfter mal die Beine hochzulegen.

Einbeinvariationen im Liegen

Legen Sie sich auf den Rücken, die Beine weit von sich gestreckt. Beginnen Sie die folgenden Übungen mit dem rechten Bein. Dann wiederholen Sie die Übungsreihe für das linke Bein. (Übungszeit insgesamt etwa 8 bis 10 Minuten.)

Beinstreckung im Liegen

- Dehnt die hintere Beinmuskulatur.

1 Ziehen Sie den rechten Fuß etwas heran und heben Sie das gebeugte Bein nach oben. Versuchen Sie es nun, so weit wie möglich nach oben zu strecken. Ziehen Sie die Zehen zum Körper hin.

2 Falten Sie jetzt die Hände hinter dem Knie oder hinter dem Oberschenkel, wenn Sie nicht bis zum Knie hochkommen. Drücken Sie das Knie (oder den Oberschenkel) so in die gefalteten Hände, dass Sie das Bein noch etwas stärker strecken können. Sollten Sie dabei Schmerzen haben, lassen Sie das Bein leicht gebeugt. Bleiben Sie 30 Sekunden lang in dieser Stellung.

Auswärtsschwenk des Beines

- Arbeitet an Ihrer seitlichen Oberschenkel- und Hüftmuskulatur.

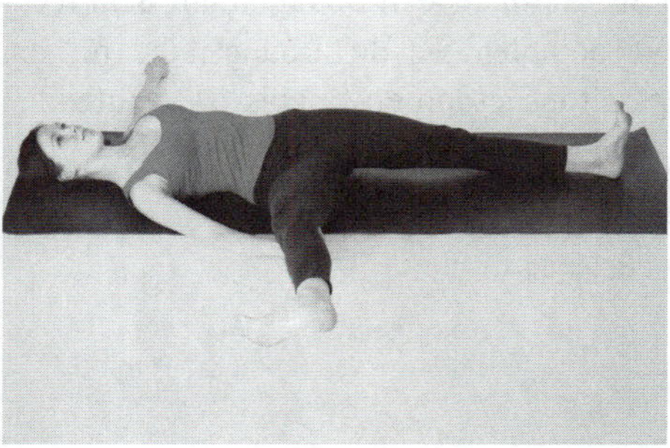

1 Halten Sie das Bein mit der rechten Hand. Den linken Arm legen Sie seitlich ab.

2 Führen Sie nun das rechte Bein vorsichtig zur rechten Seite. Lassen Sie es in Richtung Boden hinunter, soweit Ihnen dies angenehm oder möglich ist. Sie können den Ellbogen des stützenden Armes zum Boden bringen, wenn das geht. Dadurch schaffen Sie eine Art stützender Säule, die das Absenken des Beines erleichtern kann.

3 Bleiben Sie 30 Sekunden lang in dieser Stellung und führen Sie das Bein dann vorsichtig in die Mitte zurück.

Kniepresse

- Öffnet die Hüftmuskulatur. Sie merken die Fortschritte, wenn Sie das Knie im Laufe der Wochen und Monate näher an den Körper heranbringen.

Beugen Sie das rechte Bein wieder leicht, greifen Sie mit den Händen das Knie und ziehen Sie das Knie in Richtung Oberkörper nach unten, so weit wie möglich. Bleiben Sie hier 30 Sekunden.

Bogenschütze

- In beiden Variationen dehnen Sie die Rückseite des Oberschenkels.

Heben Sie jetzt den rechten Fuß wieder etwas an, bis der Unterschenkel senkrecht steht und ziehen Sie ihn dann mit beiden Händen Richtung Boden. Sie können die Übung intensivieren, wenn Sie mit der rechten Hand von innen die Fußsohle greifen und nach unten drücken. Geht dies nicht ohne unangenehme Gefühle, ziehen Sie lieber nur den Unterschenkel mit beiden Händen nach unten. Bleiben Sie auch hier 30 Sekunden.

Halblotus im Liegen

- Fördert die Beweglichkeit der Hüftmuskulatur.

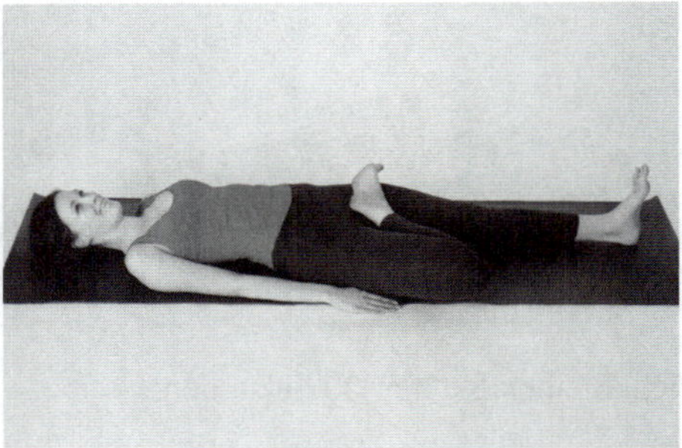

1 Heben Sie den Kopf an und führen Sie den Fuß des rechten Beines vorsichtig zum linken Oberschenkel. Legen Sie den Fuß dort oberhalb des Knies auf. Führen Sie den Fuß so weit nach links auf dem Oberschenkel, dass kein Druck auf dem Fußgelenk lastet.

2 Lassen Sie nun das Knie Richtung Boden absinken, aber überfordern Sie sich damit nicht. Wenn das Knie unangenehm zu spüren ist, stützen Sie es mit der rechten Hand etwas ab, um es zu entlasten.

3 Legen Sie den Kopf wieder ab. Verweilen Sie in dieser Stellung 30 Sekunden lang.

Sie können diese Übung intensivieren, indem Sie die Arme neben dem Kopf nach hinten nehmen und mit den Handrükken am Boden oder in Bodennähe nach hinten ziehen.

Baumstellung im Liegen

- Vertieft die Wirkung der vorherigen Übung.

Heben Sie den Kopf wieder an und führen Sie mit der rechten Hand den Fuß an die Innenseite des linken Oberschenkels, wo Sie die Fußsohle anlegen.

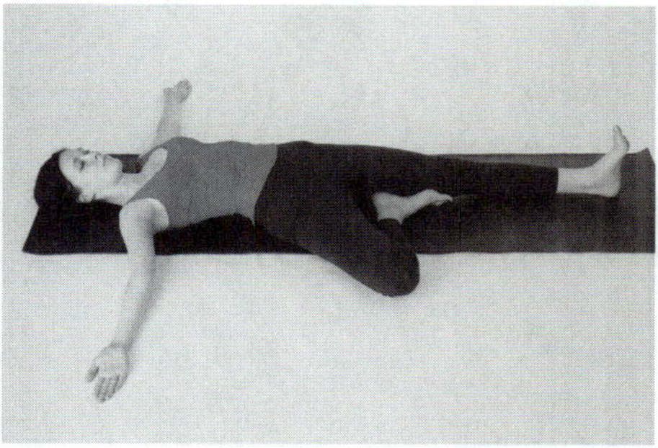

1 Lassen Sie das rechte Knie so weit in Richtung Boden herunter, wie es Ihnen angenehm ist. Eventuell liegt das angewinkelte Bein ganz am Boden.

2 Legen Sie den Kopf wieder ab. Lassen Sie die Arme seitlich gestreckt neben dem Körper ruhen und bringen Sie die Schulterblätter gut zum Boden. Entspannen Sie in dieser Position 30 Sekunden passiv.

Drehstellung im Liegen

- Die Taille wird geformt, die Bauchgegend und die inneren Organe massiert, die Wirbelsäule beweglich und die Verdauung wird angeregt.

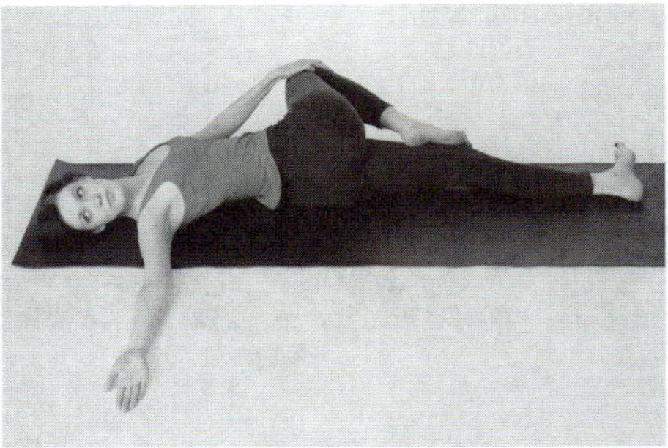

1 Heben Sie den rechten Fuß an und stellen Sie ihn auf den linken Oberschenkel (das rechte Knie zeigt nach oben). Greifen Sie das Knie mit der linken Hand (über Kreuz) und ziehen Sie es nach links Richtung Boden, so weit wie es Ihnen ohne Schwierigkeiten möglich ist. Die rechte Schulter bleibt in Bodenkontakt. Kopf und Oberkörper drehen entgegengesetzt zum Bein zur rechten Seite.

2 Legen Sie den rechten Arm im rechten Winkel zum Körper seitlich ab. Übertreiben Sie diese Drehbewegung nicht. Es sollte sich nicht unangenehm anfühlen. Das Knie muss nicht bis zum Boden gebracht werden. Halten Sie die Drehung 30 Sekunden lang und führen Sie dann das Bein wieder zurück in seine natürliche Lage.

3 Sie befinden sich wieder in der Ausgangsstellung und können nach einer kurzen Nachspürphase zum anderen Bein übergehen. Beginnen Sie wieder bei 1 (siehe S. 99).

Wenn Sie so richtig lospowern wollen

Sie haben genug Muße und so richtig Lust, etwas für sich zu tun. Dann los, packen Sie es an! Mit der Übungsreihe, die wir in diesem Kapitel für Sie zusammengestellt haben, liegen Sie genau richtig. Sie vereint statische und dynamische Übungen, die Ihren gesamten Körper dehnen und lockern.

Für die Übungsreihe sollten Sie etwa 15 bis 20 Minuten einplanen, je nachdem, wie lange Sie die verschiedenen Schritte üben.

Aktivierung von Kopf bis Fuß: Übungen im Stehen

Armanheben im aufrechten Stand

- Dehnt die Seiten des Oberkörpers und die Schultermuskulatur, aktiviert die Arme.

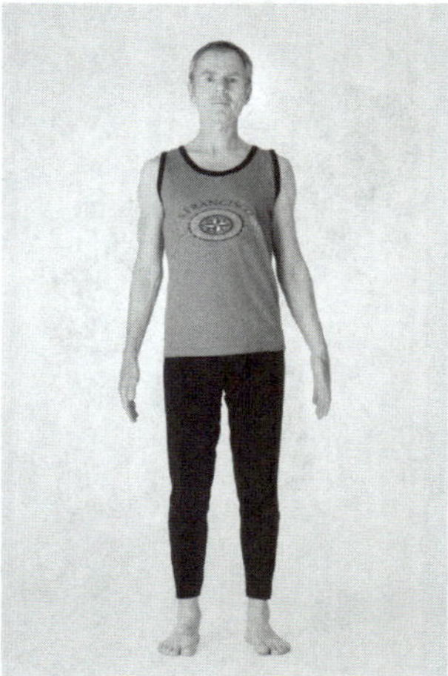

1 Stellen Sie sich gerade hin, strecken Sie die Beine und richten Sie den Rücken auf.

2 Heben Sie nun beim Einatmen die Arme nach vorne an, bis sie neben dem

Kopf gestreckt sind. Beim Ausatmen senken Sie die Arme wieder langsam ab.

3 Wiederholen Sie diese Übung 6 bis 8 Mal und versuchen Sie dabei die Bewegung genau auf die Atmung abzustimmen. Und zwar so, dass die Arme am Ende der Einatmung oben sind und am Ende der Ausatmung wieder unten in der Ausgangsposition.

Groß und Klein

- Hat denselben Effekt wie die vorige Übung, dehnt zudem die Rückenmuskulatur.

Bringen Sie beim Einatmen die Arme auf demselben Weg wieder nach oben, machen Sie sich ganz groß. Beim Ausatmen beugen Sie die Knie so weit, dass Sie die Hände zum Boden bringen. Wiederholen Sie dies, so dass Atmung und Bewegung aufeinander abgestimmt sind, etwa 6 bis 8 Mal.

Vorwärtsbeuge im Stand

- Dehnt zusätzlich die hintere Beinmuskulatur.

Bringen Sie die Arme beim Einatmen nach oben und kommen Sie wie in der vorherigen Übung („Groß und Klein, S. 106) beim Ausatmen wieder nach unten, diesmal mit gestreckten Beinen. Wiederholen Sie diese Übung 8 bis 10 Mal.

Kettenkarussell

- Macht die Wirbelsäule beweglich.

Lassen Sie die Arme entspannt hängen und drehen Sie den Oberkörper seitlich hin und her, so dass die Arme mitschwingen (ca. eine Minute lang). Spielen Sie ein wenig mit Drehintensität und Geschwindigkeit. Lassen Sie die Atmung frei fließen.

Armschwenken seitlich (aktiv)

- Aktiviert zusätzlich die Arm- und Schultermuskulatur.

Strecken Sie die Arme zur Seite, parallel zum Boden und wiederholen Sie die Oberkörperdrehung der letzten Übung etwa eine Minute lang. Bei gestreckten Armen wirkt sich die Drehung intensiver auf die Rückenmuskulatur aus. Atmen Sie beim Drehen nach links ein und beim Drehen nach rechts aus.

Schulterkreisen

- Löst Verspannungen im Schultergürtel und macht ihn beweglicher.

Kreisen Sie die Schultern jeweils 20 Sekunden nach vorne und hinten. Die Arme hängen entspannt nach unten. Dann kreisen Sie die Schultern gegenläufig, zuerst vorwärts und dann rückwärts.

Schwimmer

- Die „Schwimmübungen" werden Ihren Schultern gut tun.

Rückenschwimmer: Führen Sie einen Arm gestreckt von vorne nach oben und nach hinten unten. Dann wiederholen Sie die Bewegung mit dem anderen Arm (ca. 1 Minute lang). Drehen Sie den Oberkörper dabei leicht mit, wie ein Rükkenschwimmer eben. Lassen Sie die Atmung dabei frei fließen.

Kraulen: Wiederholen Sie dieselbe Übung mit Bewegungen nach vorne, ähnlich wie ein Krauler (ca. 1 Minute lang).

Den Oberkörper beweglich machen

- Aktiviert die Muskulatur des Oberkörpers.

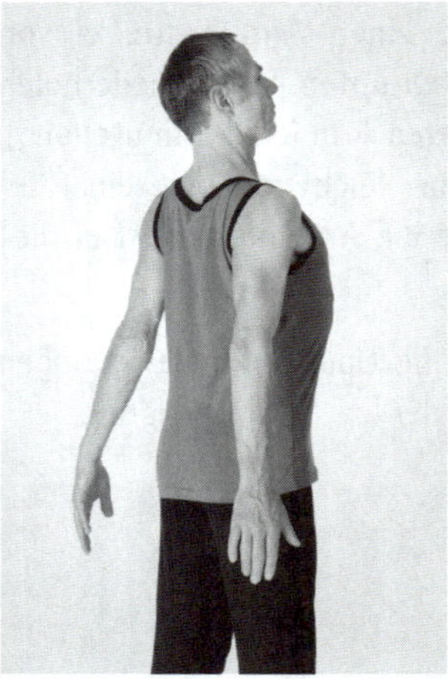

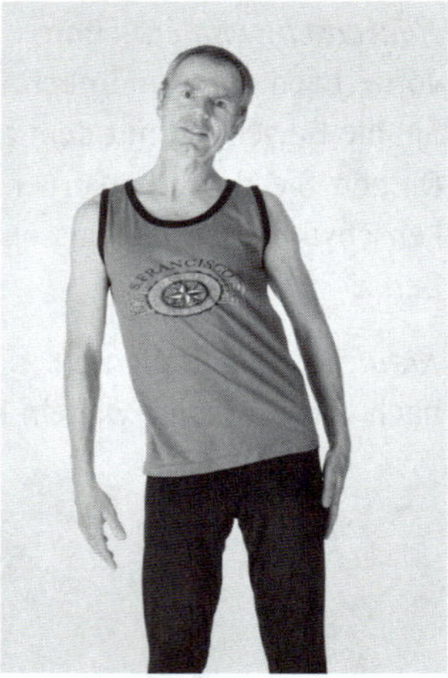

1 Nehmen Sie die Arme wieder herunter. Schieben Sie den Brustkorb zunächst nach vorne, dann nach hinten. Beschränken Sie die Bewegung auf diesen Bereich. Die Schultern und das Becken sollten möglichst ruhig bleiben.

2 Wenn Sie die Übung etwa 10 bis 12 Mal gemacht haben, versuchen Sie nun den Brustkorb genauso oft nach links und rechts zu bewegen.

3 Am Schluss verbinden Sie die beiden Übungen zu einem Kreisen des Brustkorbes. Lassen Sie den Brustkorb zunächst nach rechts, dann nach links kreisen (jeweils mindestens eine halbe Minute lang).

Das Becken aktivieren I

- Macht das Becken beweglicher, vitalisiert die Beckengegend und fördert das Körpergefühl für diesen Bereich.

1 Stehen Sie mit gestreckten Beinen und schieben Sie das Becken nach vorne und hinten. Nicht kippen! Lassen Sie dabei die Arme hängen und versuchen Sie, den Oberkörper ruhig zu lassen. Die gestreckten Beine bewegen sich mit.

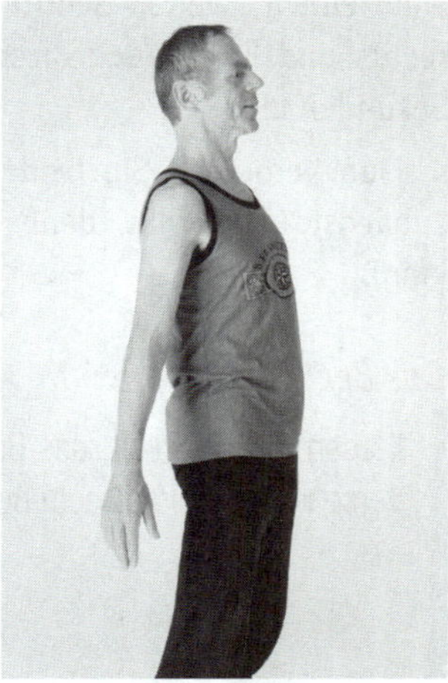

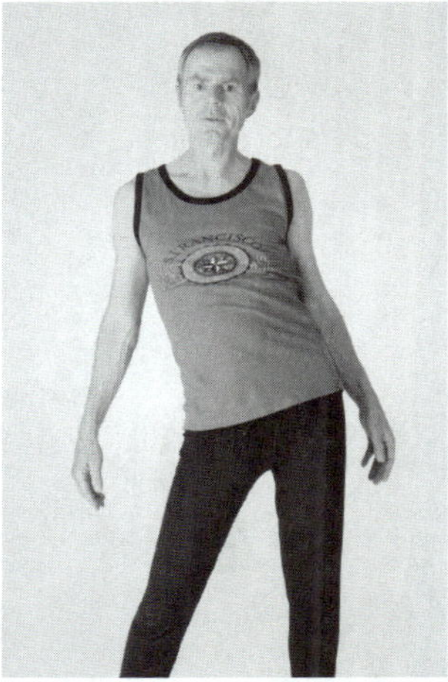

2 Wiederholen Sie diese Bewegung ca. 30 Sekunden lang.

3 In einem zweiten Schritt bewegen Sie das Becken nach rechts und links. Auch diese Bewegung üben Sie etwa 30 Sekunden lang.

4 Nun verbinden Sie beide Übungen zu einem Kreisen – zunächst nach links, dann nach rechts (ca. 30 Sekunden lang).

Das Becken aktivieren II

- Fördert die Fähigkeit, das Becken isoliert zu bewegen und löst Verspannungen in diesem Bereich.

Gehen Sie leicht in die Knie. Die Knie zeigen nach vorne. Kippen Sie jetzt das Becken nach vorne und hinten oder hier besser gesagt nach oben und unten (ca. 30 Sekunden lang). Diesmal werden die Beine nicht mitbewegt!

Nach einigen Wiederholungen kippen Sie das Becken, wieder mit gebeugten Beinen, erst nach links, dann nach rechts und so etwa 30 Sekunden lang.

Verbinden Sie dann beide Bewegungen zu einem Kreisen. Es entsteht eine wesentlich kleinere Bewegung als in Übung 10. Lassen Sie das Becken zunächst nach links, dann nach rechts kreisen.

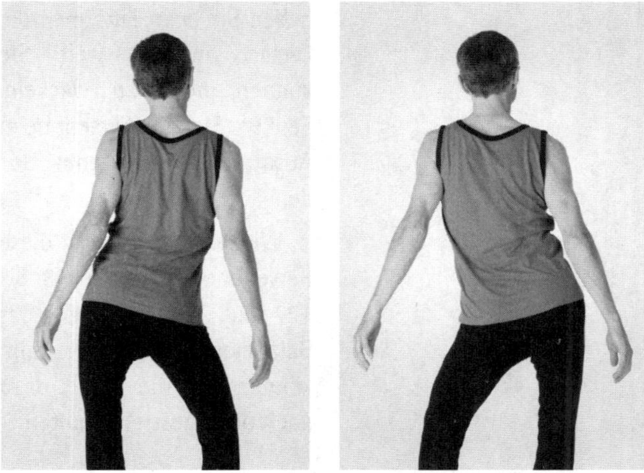

Zehenstand

- Stärkt die Fußmuskulatur und die Waden, fördert und trainiert den Gleichgewichtssinn.

1 Stehen Sie aufrecht und heben Sie beim Einatmen die Fersen an, so weit Sie können, ohne zu wackeln. Senken Sie die Fersen beim Ausatmen wieder zum Boden.

2 Wiederholen Sie diese Bewegung mindestens 8 bis 12 Mal. Wenn Ihnen das Balancieren leicht fällt, können Sie die Arme dazu nach oben gestreckt halten.

3 Bleiben Sie beim letzten Mal ca. 30 Sekunden mit den Fersen oben, ohne sich dabei zu bewegen. Lösen Sie die Stellung dann wieder auf und schütteln Sie die Beine mehrmals nach vorne aus.

Knie zur Hand

- Gut für die seitliche Oberschenkelmuskulatur, aktiviert die Beine und fördert die Fähigkeit, das Gleichgewicht zu halten.

1 Lassen Sie die Arme seitlich vom Körper hängen. Heben Sie nun den rechten Unterarm nach vorne an, bis er parallel zum Boden ist. Nehmen Sie gleichzeitig das linke Knie hoch und bewegen Sie es zum rechten Unterarm. Bringen Sie Unterarm und Bein wieder in die Ausgangsposition zurück.

2 Wiederholen Sie dies zur anderen Seite. Machen Sie mehrere Durchgänge (ca. eine Minute lang): Linkes Knie zum rechten Unterarm, rechtes Knie zum linken Unterarm.

3 Um die Wirkung zu vertiefen, greifen Sie am Ende jeweils ein Knie mit den Händen und halten es ca. 20 Sekunden oben.

Pendel

- Aktiviert Ihre Bein und Rückenmuskulatur.

Heben Sie ein Bein nach vorne gestreckt an und schwingen Sie es dann nach hinten. Nehmen Sie den Oberkörper bei der Bewegung mit wie bei einem Pendel. Das heißt, wenn das Bein nach vorne kommt, geht der Oberkörper leicht nach hinten. Wenn das Bein nach hinten schwingt, kommt der Oberkörper leicht nach vorne.

Heben Sie den Fuß bei dieser Übung an und halten Sie den Rücken gerade. Während der gesamten Übung liegen die Hände locker an den Oberschenkeln. Pendeln Sie mit jedem Bein etwa 6 bis 8 Mal.

Flugzeug

- Gut für Po, Beine und Arme, macht die Wirbelsäule beweglicher.

1 Gehen Sie in einen tiefen Hocksitz, wie ein Skispringer. Die Beine sind geschlossen, die Knie aneinander. Die Fußsohlen am Boden!

2 Halten Sie mit den Händen die Knie, ziehen Sie den Oberkörper nach vorne in die Länge, bringen Sie ihn möglichst nahe an die Oberschenkel.

3 Heben Sie die Arme seitlich an, bis sie parallel zum Boden sind. Drehen Sie den Oberkörper nach links, dann nach rechts. Nehmen Sie dabei die Arme mit – sie bleiben starr, wie die Flügel eines Flugzeugs. Lassen Sie den Po möglichst weit unten, und den Brustkorb möglichst nahe an den Beinen. Wiederholen Sie dies 8 bis 12 Mal und kommen Sie nach oben.

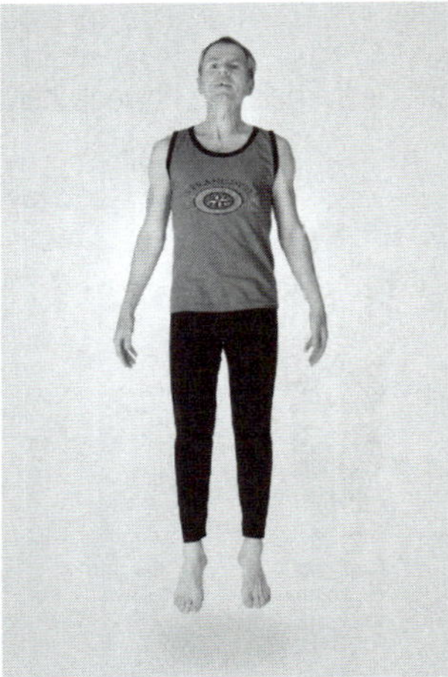

Jumping Jack

▪ Vitalisiert und aktiviert. Unterlassen Sie die Übung, wenn Sie Fußgelenkprobleme haben!

Springen Sie 30 bis 60 Sekunden federnd aus dem aufrechten Stand auf und ab, indem Sie sich mit den Fußballen vom Boden wegstoßen. Lassen Sie dabei die Knie leicht gebeugt.

Freak-out-Pose

▪ Löst Verspannungen im ganzen Körper, baut Stress ab.

Schütteln Sie den ganzen Körper aus, als wollten Sie all die Spannung, all den Druck, den es vielleicht in Ihrem Leben (und / oder in Ihrem Körper) gibt, von sich schleudern. Schütteln Sie sich aktiv (!) 30 bis 60 Sekunden lang durch und mobilisieren Sie noch einmal alle Kräfte.

Standbild

- Entspannt und verbessert das Körpergefühl, bringt uns von Außen nach Innen.

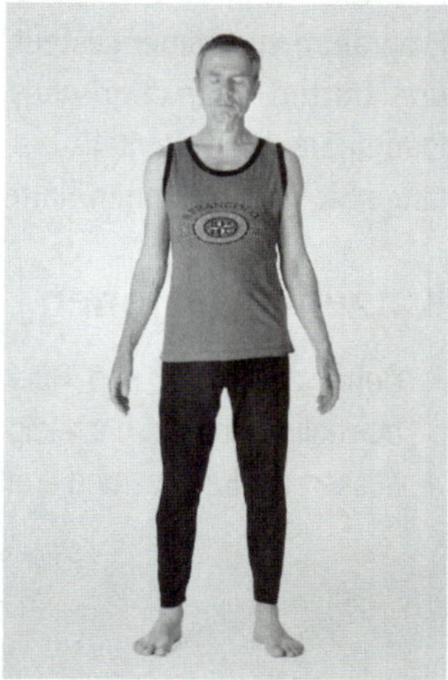

Bleiben Sie aufrecht stehen, so als wäre ein Videofilm auf Standbild gestellt und spüren Sie all dem nach, was sich jetzt in Ihrem Körper tut. Machen Sie nicht die leiseste Bewegung!
Stehen Sie ohne Anspannung, mit leicht gebeugten Knien und fühlen Sie in sich hinein. Schließen Sie dabei die Augen, wenn Ihnen dies angenehm ist. Bleiben Sie in dieser Stellung ein bis zwei Minuten oder länger. Mit dem Öffnen der Augen und / oder dem Zurückkehren zur Bewegung beenden Sie diese Übungsreihe.

Wenn Sie einfach nur „tierisch" gerne üben wollen

In dieser Übungsreihe haben wir Ihnen ein anspruchsvolles Programm zusammengestellt, das den gesamten Körper dehnt und kräftigt – ein „tierisches" Übungsprogramm für jederzeit. Planen Sie dafür etwa 12 bis 15 Minuten ein, je nachdem, wie lange Sie die Stellungen halten können und wollen.

Katzenvariationen

- Dehnt die Brust- und Rückenmuskulatur, macht das Becken beweglich und geschmeidig. Das Arm- und Beinanheben verbessert die Balance und kräftigt Arme und Beine.

1 Gehen Sie in den Vierfüßlerstand, die Arme stehen nicht senkrecht zum Oberkörper sondern zeigen leicht nach vorne. Heben Sie beim Einatmen Kopf und Po an, so dass ein leichter Hohlrücken entsteht. Beim Ausatmen lassen Sie den Kopf sinken, ziehen den Po abwärts und drücken den Brustkorb nach oben (Katzenbukkel). Wiederholen Sie diese Bewegung 30 bis 60 Sekunden lang.

2 Heben Sie aus dem Vierfüßlerstand gleichzeitig den rechten Arm und das linke Bein bis in die Waagrechte an und atmen Sie dabei ein. Schauen Sie nach vorne. Beim Ausatmen gehen Sie wieder zurück in den Vierfüßlerstand. Bei der nächsten Einatmung heben Sie den linken Arm und das rechte Bein an und gehen beim Ausatmen wieder zurück in den Vierfüßlerstand. Wiederholen Sie die Übung 30 bis 60 Sekunden. Sollte im unteren Rücken ein unangenehmes Gefühl auftreten, heben Sie vielleicht das Bein zu weit an – es sollte nicht höher genommen werden als bis zur Waagrechten!

3 Setzen Sie sich dann nach hinten in den Fersensitz. Senken Sie den Oberkörper vorne zum Boden ab, legen Sie die Hände flach oder als Fäuste über-

einander auf den Boden und den Kopf darauf. Oder Sie legen, wenn Ihnen dies möglich ist, die Stirn direkt auf den Boden und die Arme nach hinten neben die Beine (Embryostellung, siehe. S. 30). Ruhen Sie eine Minute lang aus und spüren Sie nach.

Hundevariationen

- Der abwärts blickende Hund dehnt die Rückseite des Körpers. Hände, Arme und Beine werden gekräftigt, die Wirbelsäule in die Länge gezogen und dadurch Verspannungen gelöst. Der aufwärts blickende Hund stärkt die Arme, öffnet den Brustkorb und dehnt die Vorderseite des Oberkörpers.

1 *Der abwärts blickende Hund:* Sie beginnen mit dem Vierfüßlerstand, die Arme stehen leicht schräg nach vorn. Stellen Sie nun die Füße hinten auf und heben Sie die Knie an, bis die Beine gestreckt sind. Stemmen Sie die Hände in den Boden, ziehen Sie das Becken nach hinten und heben Sie den Po an. Drükken Sie Schultern und Fersen nach unten, so weit es geht. Der Kopf ist zwischen den Armen in Verlängerung der Wirbelsäule. Ziehen Sie ihn nicht in Richtung Boden. Die Position ähnelt einem umgedrehten V. Bleiben Sie 1 Minute lang

in der Position und kommen Sie dann wieder zurück in den Vierfüßlerstand.

2 *Der aufwärts blickende Hund:* Schieben Sie jetzt das Becken nach vorne und lassen die Oberschenkel so weit in Richtung Boden herunter, wie Ihnen dies gut tut. Drücken Sie mit den Händen fest gegen den Boden und strecken die Arme. Heben Sie den Brustkorb an. Lassen Sie die Schultern nicht zu den Ohren hochkommen. Ziehen Sie die Schultern nach unten und die Kopfmitte nach oben. Nacken und Hals werden lang (Schwanenhals). Blicken Sie dabei nach vorne. Wenn es Ihnen angenehm ist, können Sie den Kopf nach hinten legen und nach oben blicken. Bleiben Sie 1 Minute lang in dieser Stellung, ohne die Aufrichtung des Oberkörpers aufzugeben. Kommen Sie dann wieder in den Vierfüßler zurück und ruhen dort einige Atemzüge aus.

3 Danach legen Sie sich auf den Bauch, lassen den Kopf, auf die Seite gedreht, am Boden ruhen und legen die Unterarme aufeinander vor den Kopf. Ruhen Sie so zwei, drei Minuten aus und spüren Sie nach.

Der Frosch auf dem Rücken

- Dehnt die Rückseite der Oberschenkel und öffnet die Hüftmuskulatur. Das Rollen massiert den Rücken.

1 Sie liegen auf dem Rücken und heben die Füße an. Bringen Sie die gebeugten Knie in Richtung Brust. Greifen Sie mit den Händen die Unterschenkel und heben sie nach oben an, bis sie senkrecht zum Boden sind. Ziehen Sie nun mit den Händen an den Unterschenkeln nach unten bis die körperbreit geöffneten Knie am oder in der Nähe des Brustkorbes sind. Lassen Sie nun mit den Händen los und bringen Sie die gestreckten Arme zwischen die Unterschenkel. Dann drücken Sie mit den Händen auf die Fußsohlen nach unten. Bleiben Sie in dieser Froschhaltung etwa 30 Sekunden lang.

2 Rollen Sie, ohne die Position zu verändern, auf eine Seite bis das Knie den Boden berührt. Stoßen Sie sich mit dem Knie vom Boden ab und rollen Sie auf die andere Seite. Bewegen Sie sich so 4 bis 8 Mal hin und her. Sie lösen die Stellung wieder auf, stellen die Fußsohlen hüftbreit geöffnet auf und spüren einige tiefe Atemzüge lang nach.

Krokodilsdrehung

- Dehnt die Muskulatur von Schultern, Brustkorb und Nacken sowie die des Oberschenkels in Ponähe. Die Taille wird geformt und die Verdauung angeregt. Die Drehung fördert und erhält die Beweglichkeit der Wirbelsäule.

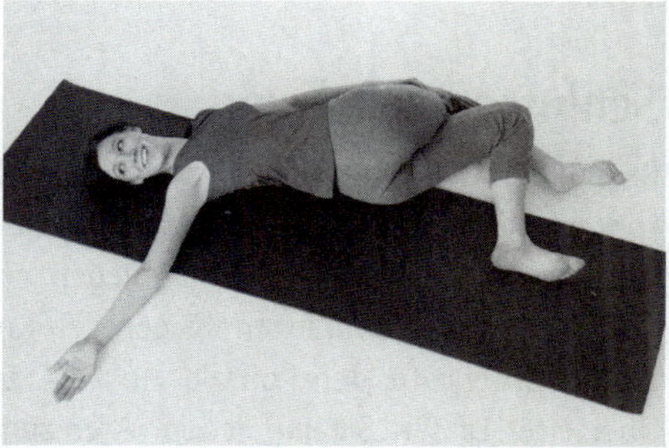

1 Sie liegen mit aufgestellten Füßen auf dem Rücken. Heben Sie jetzt das rechte Bein an und führen Sie es gestreckt über das linke Knie so weit wie möglich nach links. Lassen Sie dann den Unterschenkel heruntersinken, so dass der rechte Oberschenkel auf dem linken ruht.

2 Greifen Sie nun mit der linken Hand das rechte Knie und ziehen Sie es nach links in Richtung Boden, bis der rechte Fuß, eventuell auch das rechte Knie den Boden berührt. Den rechten Arm legen Sie, gerade nach rechts zeigend, seitlich ab und drehen Kopf und Brustkorb zu ihm hin.

3 Bleiben Sie in dieser Drehstellung 30 bis 60 Sekunden lang und lösen Sie die Stellung dann wieder auf, indem Sie in die neutrale Rückenlage zurückrollen und den rechten Fuß wieder in hüftbreitem Abstand neben den linken Fuß stellen.

4 Wiederholen Sie die Übung jetzt mit dem linken Bein. Der Oberkörper dreht jetzt nach links. Bleiben Sie auch hier 30 bis 60 Sekunden und kommen Sie wieder in die Ausgangsposition zurück

5 Lassen Sie dann die Füße nach vorne gleiten, so dass Sie wieder ausgestreckt auf dem Rücken liegen.

Schlussentspannung

Beenden Sie die Übungsreihe mit einer Entspannung. Sie können die oben beschriebene Körperreise (siehe S. 55) unternehmen oder Sie bleiben ruhig liegen, ohne sich zu bewegen und spüren den ganzen Körper, den Kontakt zum Boden an der Unterseite, den Kontakt zur Luft, zum Raum, an der Oberseite. Lassen Sie mit jedem Atemzug ein wenig mehr los, indem Sie in sich hineinspüren und der Entspannung Raum geben sich auszubreiten.

Stichwortverzeichnis